ARSÈNE HOUSSAYE.

MADAME DE FAVIÈRES.

I

PARIS,
DESESSART, ÉDITEUR,
8, RUE DES BEAUX-ARTS.

MDCCCXLIV.

MADAME

DE FAVIÈRES

ARSÈNE HOUSSAYE.

LE DIX-HUITIÈME SIÈCLE

Poëtes. — Philosophes. — Peintres.
La Cour. — Le Théâtre.

Troisième édition, 1 vol. in-18. 3 fr. 50 c.

LES SENTIERS PERDUS

Poésies

2ᵉ édition, 1 vol. in-18. 3 fr. 50 c.

SOUS PRESSE :

Or et Fer, par Félix Pyat. 2 vol. in-8°.
Les Grotesques, par Th. Gautier. 2 vol. in-8°.
La Princesse de Conti, par la comtesse Dash. 2 vol. in-8°.
Un Rayon dans la Nuit, par le marquis de Foudras. 2 vol.
La Vie dorée, par A. Maquet. 2 vol. in-8°.
Philis de la Tour du Pin, par la comtesse Dash. 2 vol. in-8°.

Imprimerie de GUSTAVE GRATIOT, 14, rue de la Monnaie.

MADAME

DE

FAVIÈRES

PAR

ARSÈNE HOUSSAYE

I

PARIS
DESESSART, ÉDITEUR
8, rue des Beaux-Arts.

1844

I

Vers les premières années de la Régence, un jeune homme de vingt-sept à vingt-huit ans, ayant les nobles allures d'un grand seigneur, se présenta dans le Marais, rue Sainte-Marie, à la boutique d'un menuisier, pour louer une petite chambre de pauvre apparence, indigne en tout point de devenir l'asile d'un gentilhomme, même d'un gentilhomme ruiné.

Le menuisier fut surpris de la demande de l'inconnu.

— Songez, monsieur, lui dit-il, que cette chambre n'est pas agréable; j'aime mieux ne pas vous cacher ce qu'il en est, je la loue presque toujours à de pauvres filles ou à de pauvres garçons peu habitués au luxe. Vous y seriez mal à votre aise; il y fait trop chaud l'été, trop froid l'hiver. Il y a deux grandes coquines de fenêtres, l'une au nord, l'autre au midi, où le vent de bise a beau jeu; en outre, la cheminée fume, le papier des murs est en lambeaux...

— C'est tout ce qu'il me faut, interrompit froidement le jeune homme. Tenez, voilà vingt louis; prenez la peine d'y faire monter quelques meubles : un lit, une table, un fauteuil, un porte-manteau. Je viendrai dès demain habiter la chambre.

Le lendemain le menuisier conduisit l'inconnu à cette chambre; elle avait été balayée à la hâte, l'araignée filait encore paisiblement sa toile aux solives du plancher, aux coins des fenêtres et de la cheminée. L'ameublement improvisé était simple et presque joli. Le menuisier, qui avait loyalement dépensé les vingt louis, croyait bien que le jeune homme allait le remercier, mais celui-ci y prit à peine garde. Il alla droit à la fenêtre du midi, s'ouvrant sur un parc; il s'accouda sur le bord et promena un regard distrait dans les allées de tilleuls ou dans les nuages.

— C'est bien étonnant, pensa le menuisier. Que diable peut-on faire dans un tel gîte quand on a si bonne façon et quand on paie si bien?

— Votre nom, monseigneur? demanda-t-il en tremblant.

— Mon nom?

Le jeune homme réfléchit un peu et sembla chercher un nouveau baptême.

— Je m'appelle Franjolé; mais qu'importe, je ne recevrai ni lettres ni visites. Je suis mort, entendez-vous.

Le menuisier y regarda à deux fois.

— Ma foi, monseigneur, vous êtes un mort bien original. C'était une bière et non une chambre qu'il fallait me demander; mais enfin que votre volonté soit faite.

— Vous êtes un homme d'esprit; tenez, voilà vingt louis pour le loyer.

— C'est beaucoup trop.

— Pour un vivant, c'est possible; mais pour un mort!

— Je ne veux pas contrarier un revenant aussi gracieux. Je vous salue et vous remercie, monseigneur.

Le menuisier, qui aimait à rire, poursuivit en ouvrant la porte :

— Si par hasard il vous prenait fantaisie d'habiter un cercueil, pensez à moi, je suis là-dessus très renommé dans la paroisse. Pour un écu de six francs, vous aurez à ma boutique la plus jolie bière du monde; et encore je vous y coucherai par dessus le marché.

— Très bien, je penserai à vous.

Le même jour, Franjolé, — puisque c'est le nom qu'il se donne, — sortit plusieurs fois pour achever l'ameublement de sa chambre, car le menuisier n'avait pensé qu'aux meubles du corps, Franjolé voulait surtout les meubles de l'esprit. Il acheta des livres, des fleurs et un violon; un peu de science, un peu de joie, un peu de musique, voilà sans doute comment voulait vivre le mort.

C'était d'ailleurs un mort de belle taille et de fort bonne mine, quoiqu'un peu pâle et légèrement incliné. Un éclair d'intelligence suprême passait çà et là sur son front bien coupé. La ligne de sa figure était pure, noble et fière. Quoique la tristesse eût jeté son voile sur cette figure, on y découvrait encore des rayons de gaieté. Il avait des cheveux blonds un peu brunissants et des yeux bleus d'une douceur toute féminine ; mais ce qui surtout frappait en lui, c'était je ne sais quoi d'inquiet, d'étrange, de sauvage, qui s'accordait assez avec la position qu'il prenait dans le monde, c'est-à-dire hors du monde.

II

Le petit parc qui s'étendait sous une des fenêtres de Franjolé appartenait aux la Châtaigneraye. Le jeune marquis Gaston de la Châtaigneraye y venait quelquefois promener ses maîtresses.

Le marquis fut un matin très émerveillé de la musique de Franjolé. — Il joue du violon comme un ange, dit madame de Saint-Elme, — la maîtresse du jour; — vous qui jouez si mal, marquis, prenez-donc des leçons d'un si bon maître, ou plutôt faites-le venir sous les arbres pour que je l'entende de plus près.

Le marquis dépêcha un laquais vers Franjolé, qui répondit sèchement : Je ne donne pas des leçons.

La Châtaigneraye, craignant d'avoir blessé dans son orgueil un fier et pauvre artiste, alla lui-même au logis de Franjolé.

— Monsieur, lui dit-il d'un ton doux et simple, je ne vous demande pas des leçons, mais des conseils.

— C'est la même chose, dit brusquement Franjolé. Je joue pour moi seul ou pour les absents.

— N'avez-vous jamais joué pour deux beaux yeux?

— Peut-être.

— C'est ma maîtresse qui vous appelle, malgré votre misanthropie. Il y a toujours moyen de s'entendre. Vous viendrez jouer dans le parc, — ou vous y promener tant qu'il vous plaira. — On vous donnera une clef.

— Je pourrai herboriser dans le parc? demanda Franjolé séduit.

— Herboriser, cueillir des fleurs, gaspiller tout à votre aise.

Franjolé prit son violon.

— Me voilà prêt à vous suivre.

— A la bonne heure! Vous ne regretterez jamais d'avoir joué pour de si beaux yeux.

— Avant tout, dit Franjolé en s'arrêtant au haut de l'escalier, je dois vous avertir que je suis rayé du nombre des vivants.

— A votre âge, avec votre bonne mine et votre beau talent!

— Mort et enterré; il n'y manque rien, pas même l'épitaphe.

— Quelle extravagance !

— Je vous parle avec le plus grand sérieux du monde. Ainsi, je suis un revenant; traitez-moi comme tel. Ne vous fâchez point si je ne réponds point quand vous me parlerez; vous n'avez à faire qu'à mon violon. Accordez-moi le silence et la liberté.

— Tout ce qu'il vous plaira; mais, de grâce, faites que je parvienne à jouer un air d'*Armide* sur le violon. J'ai une jolie main, des yeux tendres, une bouche passionnée; ne trouvez-vous pas que je séduirais merveilleusement en jouant du violon. Ce serait à la cour un nouveau genre de séduction.

— Oui, même en jouant mal; car vous séduiriez par vos grands airs de sentiment et non par les grands airs d'opéra. Puisque vous y tenez tant, j'irai vous donner des leçons.

— Chaque fois que vous verrez les volets ouverts, vous pourrez venir, j'y serai. Mais partons.

— J'oubliais, s'écria Franjolé en déposant son violon, que j'ai promis à mes yeux ou à mon cœur de rester encore une heure à mon autre fenêtre.

— Que voyez-vous donc par cette fenêtre?

— Un songe; mais ne me demandez rien. Un de ces matins j'irai vous voir.

— Mais aujourd'hui ma maîtresse vous attend.

— Elle reviendra.

— Qui sait si ce n'est pas le dernier jour que nous passons ensemble.

— Tant pis, tant mieux, comme il vous plaira. Je ne sortirais pas à cette heure pour un empire peuplé d'odalisques.

Le marquis eut beau prier, Franjolé ne le voulut pas suivre ce jour-là.

Que voyait-il donc par la fenêtre?

En face de cette fenêtre il y avait un petit hôtel de brique à coins de pierre, bâti sous

Louis XIII, isolé des maisons voisines par un petit parc planté d'arbres touffus. Cet hôtel pouvait bien rappeler un peu le château de la Belle au Bois-Dormant; on n'y dormait pas, mais on s'y cachait; il semblait que les habitants y vécussent de la même vie que Franjolé. Il y avait là un mystère. Quoique voisin, le joueur de violon, souvent penché à sa fenêtre, n'avait pu voir ce qui se passait dans cet hôtel. Lui qui ne tenait plus à ce monde, ce monde où était son tombeau, il sentit renaître sa curiosité en face de ce mystère. Qui pouvait se cacher là? Après bien des stations à la fenêtre, Franjolé découvrit un matin une main blanche qui jetait, en entr'ouvrant un volet, une pièce de monnaie à un pauvre vieux joueur de flûte.

III

La maison que la famille de la Châtaigneraye possédait dans le Marais n'était pas habitée depuis longtemps, si ce n'est par le marquis les jours de bonne fortune. On n'avait pas encore inventé les petites maisons, cependant les roués avaient déjà çà et là un *réduit* où se passaient en mystère quelques-unes de leurs aventures galantes. Richelieu écrivait vers ce temps-là à Nocé, son compagnon en bonnes fortunes :

« J'ai découvert un *réduit* digne de servir de temple à la déesse d'Amathonte ; il n'y manque que des prêtresses et des victimes, mais venez y souper demain en belle compagnie, il n'y manquera plus rien. »

La maison de la Châtaigneraye pouvait donc passer pour un *réduit* où l'on soupait en belle compagnie.

Cette maison était déjà célèbre dans le monde des grands seigneurs et des grandes dames. Plus d'un duc y avait déjeuné, témoin le duc de Richelieu ; plus d'une marquise y avait soupé, témoin la marquise de Saint-Elme. On s'était même battu en duel dans le parc ; enfin tout ce qui était de bel air alors avait passé par là.

Un matin, Franjolé voyant les volets ouverts, y alla par fantaisie et par curiosité. Quoiqu'il se fût pour toujours séparé des vivants, il n'était pas fâché de voir de temps en temps leur façon de vivre.

Vous arrivez bien à propos, lui dit le valet d'un air dédaigneux; il y a là deux grandes dames qui font antichambre dans les deux boudoirs. Monsieur le marquis a reçu des dépêches de la cour, M. de Richelieu a déjeuné avec lui, vous comprenez...

— Je ne veux pas comprendre, murmura le musicien; mon violon ne fera jamais antichambre ni moi non plus. Dites à M. de la Châtaigneraye que je suis là.

— Vous avez raison, corbleu! dit le marquis qui venait d'ouvrir la porte. Un musicien qui court ne fait pas son chemin. Passez dans ce salon, vous arrivez bien à propos. Il y a là un voisinage de femmes qui s'ennuient, vous allez préluder un peu. Hélas! pourquoi n'en suis-je plus aux préludes avec elles?

Franjolé vit en entrant trois ou quatre personnages galamment équipés.

— L'heure du berger! dit un jeune fat qui fit semblant de se souvenir. Il y a, reprit-il, une autre heure qui a bien son charme, l'heure du dernier rendez-vous. On ressaisit alors dans une étreinte toutes les chimères d'une longue passion.

— Enthousiaste! s'écria M. de Richelieu, dites plutôt qu'on étreint tous les fantômes de l'amour. Aussi, moi, je ne vais jamais au dernier rendez-vous.

Franjolé se mit à jouer un air de sa façon.

— De qui cette musique? lui demanda la Châtaigneraye.

— De moi, si j'ai bonne mémoire.

— Que ne faites-vous des opéras, mon cher?

— Je me joue des opéras à moi-même, quand je ne goûte pas tout le charme du silence.

— Vous êtes donc amoureux ?

— Peut-être, dit tristement Franjolé.

— Amoureux de qui ? amoureux de quoi ?

— Oui, amoureux, reprit le musicien, mais non pas à votre manière.

— Quelle est donc votre façon d'aimer ?

— J'aime une main blanche qui apparaît presque tous les matins à une fenêtre pour jeter une pièce de trente sous à un pauvre diable de joueur de flûte qui se traîne de porte en porte dans l'équipage de Bélisaire.

— Je comprends, dit la Châtaigneraye, pourquoi vous ne vouliez pas me suivre l'autre jour. Le bras est-il joli ?

— Je ne vois que la main, le bras est voilé d'une longue manche de dentelles.

— Et à qui appartient cette main ?

— Je ne sais pas, je n'ai pas cherché à le

savoir. J'aime cette main, j'espère la toucher un jour du bout de mes lèvres, en attendant, je joue du violon, voilà toute l'histoire de mon cœur.

— O disciple de Platon! s'écria Richelieu; quelle erreur est la vôtre! L'amour est une ivresse. Or, comment s'enivrer sans mordre à la grappe?

Disant cela, le duc prit son feutre et partit. Il fut suivi des jeunes seigneurs qui avaient déjeuné chez la Châtaigneraye. Seul avec Franjolé, le marquis détacha son violon.

— Votre amour est une singulière fantaisie.

— L'amour est un rêve dans ce triste sommeil qui s'appelle la vie, un rêve qui nous montre le bonheur. — Le rêve qui me montre le bonheur, c'est la blanche main que je vois passer à la fenêtre.

— C'est étonnant, pensa le marquis; on dirait que cette main me fait signe d'aller à elle.

— Décidément me voilà aussi devenu amoureux de cette main. — Franjolé!

— Vous voyez qu'il m'est impossible de prendre ici une leçon de musique. Quand je suis au *la* l'amour dit *si*. Demain j'irai prendre une leçon dans votre sauvage retraite. Ce sera pour moi une distraction piquante.

— A votre aise. Mon logis n'a pas trop bonne mine, vous le savez ; mais quand on va chez un musicien, on ne voit pas, on écoute.

La Châtaigneraye, demeuré seul pour un instant, jura qu'il arriverait à la main blanche du petit hôtel de la rue Sainte-Marie.

Le marquis était un vrai gentilhomme de point en point, des pieds à la tête ; il était bien taillé, non pas en Hercule, mais en Apollon. Il se coiffait avec ses cheveux qui étaient noirs et touffus. Il s'habillait avec une élégance originale toujours piquante et gracieuse ; mais en garçon d'esprit, il ne s'en rapportait pas à son habit pour ses conquêtes ; il était toujours sur le qui vive, jetant à propos un regard passionné ou un mot spirituel.

Quoique à peine âgé de vingt-quatre ans, il était alors l'homme à la mode parmi les femmes ; il était même plus recherché que le duc de Richelieu. Il avait d'ailleurs gagné ses éperons d'or sur le champ de bataille et à la Bastille. Il tenait haut son épée et sa dignité. Son cœur était déjà, comme on l'a dit, une girouette enflammée ; il avait de l'esprit à bout portant, surtout avec les femmes ; mais ce qui séduisait en lui, c'était sa figure pleine de grâce et de charme, toujours souriante et moqueuse, toujours illuminée par l'amour ou par un semblant d'amour. Déjà il lui fallait un calendrier pour se rappeler ses bonnes et mauvaises fortunes. D'abord, comme tous les roués du régent, il avait imaginé des aventures piquantes pour émerveiller les belles dames oisives ou infidèles; il n'avait pas tardé à recueillir le fruit de ses mensonges. Outre qu'il était beau, gracieux et spirituel, le marquis était prodigue; il jetait l'argent à pleines mains; il ne comptait jamais, même avec les pauvres. Cette façon de traiter la fortune a toujours ravi les femmes qui, en cette circonstance, comparent sans trop de raison le cœur de l'homme à sa bourse. Enfin, la Châtaigneraye était bientôt devenu à la mode comme les robes de l'Inde, les points de Flandre ou les mules de satin garnies de cygne. A la cour et à la ville il était du bel air d'avoir aimé le marquis de la Châtaigneraye; c'était une parure de plus pour certaines grandes dames éblouies.

IV

Les dames qui faisaient antichambre chez la Châtaigneraye étaient la vicomtesse d'Ormoy et la chevalière d'Espremont. Ces dames n'étaient plus pour notre héros que des maîtresses de la veille.

Le marquis divisait ses conquêtes en trois chapitres; le premier chapitre, intitulé : *Sou-*

venirs, regrets, ennuis, larmes, évanouissements, renfermait les maîtresses de la veille; le second chapitre, intitulé : *L'heure du berger, échelles de soie, plaisirs perdus*, renfermait les maîtresses du jour; enfin le dernier chapitre, intitulé : *Espérances, illusions, rêveries, billets doux,* renfermait les maîtresses du lendemain.

Or, à propos de la vicomtesse d'Ormoy et de la chevalière d'Espremont, la Châtaigneraye ne savait comment retirer son enjeu sans encourir toutes les mésaventures du premier chapitre. Il trouvait bien un certain charme à voir pleurer de jolis yeux; une femme qui pleure bien (et on *savait* bien pleurer en ce beau temps) répand encore une poignante volupté dans le cœur de son cruel amant; mais rien ne lasse si vite que les larmes, fussent-elles des perles, et la Châtaigneraye en avait déjà vu trop couler en pareille rencontre.

Il allait tout simplement renouveler une

comédie qui se dénoue toujours bien, c'est-à-dire mettre en présence les deux dames, quand son valet de chambre annonça M. le chevalier de Champignolles.

— Vous arrivez à propos, chevalier, dit le marquis en lui tendant la main avec plus de bonne grâce que de coutume.

— Puis-je savoir l'à propos, demanda le chevalier en regardant son épée en homme qui va pourfendre le genre humain.

— Vous qui depuis six semaines vous faites si vaillamment mon second en aventures galantes, venez à mon secours, ou je suis perdu.

— Je devine : un mari qui prend mal la chose.

— C'est bien pis.

— Un frère de l'ancien temps qui veille sur l'honneur de la famille.

— Vous n'y êtes pas.

— Un amant détrôné, ou plutôt dépossédé.

— C'est bien pis ! un duel à bout portant, avec deux maîtresses que le diable laisse oisives exprès pour me faire damner.

— Vous comprenez que je suis un chevalier trop courtois pour être votre second en cette affaire épineuse.

— Bien mieux, je vous laisse le duel à vous tout seul.

Là-dessus la Châtaigneraye prit son chapeau et son épée, sonna son laquais, demanda son carrosse et sortit en chantant un air de ballet, sans s'inquiéter le moins du monde du chevalier, de la vicomtesse d'Ormoy et de la chevalière d'Espremont.

Le chevalier de Champignolles était un gentilhomme de bonne lignée par sa mère et par sa fortune. Fraîchement débarqué de la province, il s'était attaché avec obstination aux aventures de la Châtaigneraye ; il le prônait partout, il quadruplait le nombre de ses conquêtes; il rimait sur lui des madrigaux où il le comparait à Mars et à Apollon. Le pauvre chevalier était un peu, beaucoup, passionnément ridicule. Pour racheter cela, il avait assez mauvaise tournure; on disait dans le monde qu'il portait son regard de travers comme son épée. Il affichait des prétentions à mourir de rire. Quand il avait dit : Je suis le second du marquis de la Châtaigneraye, il croyait avoir tout dit; il se regardait tendrement, jetait sa main sur son épée, et, s'il y avait des dames, il daignait détacher son regard de lui-même pour les incendier par ses œillades idolâtres.

La Châtaigneraye, voyant un gentilhomme de si bonne volonté, ne le désavouait pas pour son second; mais si le premier était un grand artiste en amour, *le second* n'était qu'un manœuvre; il ébauchait la statue, le maître la signait; ou plutôt il n'était qu'une *doublure* au grand théâtre où le marquis jouait si bien son rôle. Quand le duc était fatigué, il laissait la place au chevalier; mais le pauvre chevalier était toujours sifflé à outrance.

Le jour où vous le voyez entrer en scène, il joua assez mal ce rôle difficile de mettre à la raison deux cœurs de femmes; mais, s'il fut sifflé, que nous importe, l'histoire n'est pas là.

V

Le lendemain matin, vers onze heures, un carrosse traîné par des chevaux fringants vint troubler la musique de Franjolé. Le joueur de violon, ouvrant sa fenêtre, reconnut l'équipage du marquis de la Châtaigneraye.

— Salut à votre cage, mon cher oiseau chanteur. C'est donc ici que vous gazouillez tout à votre aise. A ma première visite, je n'avais rien vu.

Le marquis promena un regard distrait autour de lui.

La chambre de Franjolé était curieuse à étudier. Sur les murailles placardées de musique serpentaient des guirlandes d'herbes et de fleurs desséchées. Franjolé herborisait beaucoup depuis quelques jours. Une bibliothèque des plus variées servait à peu près de tapis de pied, ce qui fit dire à la Châtaigneraye : Vous foulez la science à vos pieds. Les livres étaient en si grand nombre que pour aller à la fenêtre Franjolé avait pratiqué un sentier sinueux.

— Quel sentier hérissé d'épines, maître Franjolé, dit le marquis, ne sachant où poser hardiment ses pieds.

— Il n'y a pas de chemin plus long au monde, répondit le joueur de violon. Il m'arrive souvent d'être un heure ou deux pour aller de mon lit à ma fenêtre ; je rencontre tant de bavards sur mon chemin que je me laisse attarder malgré moi. Si je n'avais la bonne volonté d'arriver, je crois que je mourrais en chemin. Hier encore, Scarron, Montaigne et Rabelais m'ont tenu toute la soirée par le bouton de mon habit. Ils ont tant parlé que j'en ai encore les oreilles toutes bruissantes.

— Croyez-moi, Franjolé, au lieu de lire Rabelais, Montaigne et Scarron, lisez plutôt dans le cœur des femmes.

— C'est un plus mauvais livre.

— Un mauvais livre, comme vous dites; un livre fantasque, capricieux, sans suite et sans raison.

— Un livre dont le diable a signé la plus belle part.

— Vous allez un peu loin, maître Franjolé ; je suis sûr que vous vous trompez sur certain cœur du voisinage. Ainsi, le cœur qui conduit la petite main blanche est un bel et bon livre, écrit par Dieu même avec plume arrachée à l'aile d'un archange.

— Qui sait! le cœur d'un fille est une source pure et claire; l'eau se trouble d'un rien. Il en est ainsi de tout ce qui touche à la terre. Le cœur est une source divine qui coule sur la terre.

— Corbleu ! vous parlez comme un livre.

— Il n'y a pas de quoi m'en louer. Quiconque parle comme un livre, parle presque toujours comme un sot.

— Je vous croyais amoureux, mais je vous trouve philosophe.

— Dieu me garde de la philosophie! Peut-être suis-je amoureux; mais non pas comme vous l'êtes si souvent, monsieur le marquis; moi, je ressemble au voyageur altéré qui se repose au bord de la source sans oser y mouiller ses lèvres ardentes de peur de troubler l'eau.

Le marquis de la Châtaigneraye était arrivé à la fenêtre.

— Savez-vous, maître Franjolé, que vous avez là un beau point de vue?

— Oui, des cheminées, des fenêtres, des toits et des gouttières.

— *A propos,* n'est-ce pas à cette fenêtre que vous voyez tous les jours vers midi apparaître la petite main blanche?

— *A propos,* il est temps de prendre notre leçon.

— Ce petit hôtel du temps de Louis XIII est charmant; rien n'y manque. Quel est donc le sculpteur assez peu soucieux de son œuvre pour avoir travaillé à ces fenêtres que personne ne voit?

— Ce qui est beau n'est jamais perdu. Est-ce que je ne vois pas ces fenêtres, moi? il me semble que je dois compter pour quelqu'un avec ma passion pour la musique, pour les livres, pour tous les arts.

— Si vous connaissez le grand livre héraldique, expliquez-moi donc cet écusson?

— C'est un écusson de fantaisie qui va à tout le monde.

— Quoi! cette maison n'est jamais plus animée qu'en ce moment?

—Jamais! Il n'y a que les cheminées qui donnent signe de vie. Le matin une vieille gouvernante ouvre les contrevents; le soir elle les referme : voilà tout. Mais que nous importe, à vous comme à moi?

— Je suis violemment curieux.

— Peut-être en verriez-vous davantage de cette petite fenêtre en lucarne, — là-bas au troisième toit. — Elle s'ouvre sur le jardin de l'hôtel. J'ai plus d'une fois pensé à la prendre d'assaut, coûte que coûte, mais je suis si paresseux!

— Il y a une jolie fille à cette petite lucarne.

— Oui, cela complique la question; il faut monter bien haut et descendre bien bas pour se rendre maître de la place.

A cet instant, le vieil aveugle qui jouait de la flûte préluda devant l'hôtel.

— C'est un avertissement de prendre notre leçon, M. de la Châtaigneraye.

— Donnez-moi le temps d'écouter ce pauvre homme.

— Quand il joue je couvre sa musique par la mienne par égard pour mes oreilles; je ne souffrirai pas que les vôtres...

— Sa flûte a des sons fort doux en vérité.

Franjolé se plaça fièrement devant le jeune marquis :

— Vous n'êtes pas ici au spectacle, j'imagine.

— Que diable ! laissez-moi le loisir de faire l'aumône à cet aveugle.

3.

— Vous empêcheriez, je n'en doute pas, la main blanche de faire l'aumône à l'avenir dans cette rue. D'ailleurs, vous êtes chez moi. Que ces beaux sentiments vous prennent chez vous, à merveille !

Franjolé ferma la fenêtre d'un air résolu. Le jeune marquis se résigna à prendre une leçon.

— Je ne suis pourtant pas venu pour cela, se disait-il avec dépit.

— Attendez, murmura tout à coup Franjolé ; il faut que je passe mon archet au grand air.

Le joueur de violon ouvrit la fenêtre. La Châtaigneraye le suivit à pas de loup dans *le sentier de la bibliothèque.* Il découvrit du premier regard que la fenêtre s'entr'ouvrait...

— Prenez donc garde, monsieur le marquis, s'écria Franjolé avec colère ; voilà un beau dégât dans ma bibliothèque.

— Au diable soit la bibliothèque et le joueur de violon! s'écria le jeune marquis sur le même ton; le ciel s'est ouvert.

— Et vous n'avez pas vu un ange; mais, si vous m'en croyez, j'irai vous donner mes leçons à votre hôtel.

Quand la Châtaigneraye fut parti, Franjolé se promit de ne plus dire à personne ce qu'il avait dans le cœur.

VI

Le soir, la Châtaigneraye rencontra à l'Opéra le chevalier de Champignolles.

— Chevalier, si vous n'avez rien à faire, je vous enseignerai le chemin d'une aventure piquante.

— Dites toujours, le nombre des conquêtes ne m'effraie pas, vous le savez.

— Hercule, en effet, entreprit sept travaux merveilleux. Vous êtes digne d'un pareil maître. Venez demain me prendre.

Le lendemain, le marquis et le chevalier allèrent dans la rue Sainte-Marie à pied et en fort mince équipage, crainte d'éveiller les curiosités du voisinage ou même de l'hôtel.

— Chevalier, dit la Châtaigneraye en indiquant du doigt la lucarne, il faut commencer par là. Vingt louis, de l'esprit et de l'audace, vous avez de tout cela à profusion : voilà plus qu'il n'en faut pour vous rendre maître de la place. Une fois arrivé là, avertissez-moi.

La jolie habitante du grenier apparut alors pour étendre une robe sur le toit.

— Mais cette petite a un minois fort attrayant.

— Ce n'est que la porte d'un beau jardin, pensa le marquis. — Ne perdez pas de temps. Adieu, dit-il au chevalier.

La Châtaigneraye était devenu très sérieusement amoureux de la dame si bien cachée dans le petit hôtel de la rue Sainte-Marie. Le cœur est fantasque, romanesque; il aime ce qui est étrange, mais il aime surtout le mystère. D'ailleurs, jusque-là le jeune marquis n'avait guère aimé qu'à l'Opéra ou à la cour, ce qui alors était presque la même chose. L'amour, plus que jamais en France, était le Cupidon suranné des anciens; l'amour ne rêvait pas, il se contentait d'effeuiller des roses à tout bout de champ, il n'avait pour horizon que le ciel du lit.

La Châtaigneraye aimait cette fois avec curiosité et avec rêverie. Non pas avec cette rêverie un peu allemande qui change aujourd'hui nos maîtresses en toutes sortes de belles créatures qui ne sont pas des femmes; mais avec cette rêverie qui vient du cœur plutôt que de l'esprit, qui embellit sans métamorphoses, qui charme mieux avec la vérité qu'avec toutes les pompes du mensonge.

La jolie fille de la lucarne était une pauvre créature sans famille qui ne se sauvait de la misère et de l'opprobre qu'à force de travail. Elle était tout à la fois couturière et repasseuse, il lui arrivait même de faire des fleurs et de monter des plumes. Jusque-là elle avait presque toujours résisté aux tentations de l'amour. Elle avait aimé un soldat aux gardes françaises, parti pour la guerre comme tous les soldats amoureux. Ç'avait été sa seule passion, elle avait pleuré le fugitif, elle s'était consolée en chantant. Elle était aussi gaie que jolie, elle chantait en s'éveillant comme l'alouette matinale ; le soir, en dégrafant son corsage, elle chantait encore.

Le chevalier de Champignolles arriva en silence à sa porte par un escalier noir et tortueux ; il frappa. Quoiqu'elle fût en train de tresser ses beaux cheveux blonds, elle vint ouvrir sans se faire attendre.

— Vous vous trompez de porte, dit-elle en relevant ses cheveux.

— Nenni, nenni, ma belle, quand on vous voit par la fenêtre, on vient frapper à votre porte.

— Je ne vous comprends pas, je ne veux pas vous comprendre.

Le chevalier de Champignolles, qui était après tout un homme résolu, parvint pourtant à se faire comprendre de la belle Rosine (c'était le nom de cette fille). Il lui promit de l'épouser, de la promener en équipage, de lui donner une robe des Indes; enfin il mit en œuvre toutes les ressources de la séduction de gros calibre.

Il alla retrouver la Châtaigneraye de l'air du monde le plus flambant et le plus victorieux.

— Nous avons vu, nous avons aimé, nous avons vaincu, dit-il en caressant sa moustache.

— A merveille, s'écria le jeune marquis, nous irons ensemble désormais chez la demoiselle.

Ils retournèrent bientôt dans la rue Sainte-Marie. Rosine était à sa fenêtre ; ils montèrent quatre à quatre à sa petite chambre. Le chevalier entra comme un roi sur ses terres. Le marquis alla droit à la fenêtre.

— Que diable avez-vous à regarder par cette fenêtre ? demanda le chevalier en pirouettant.

— Un beau point de vue, dit la Châtaigneraye ; vous êtes heureux, mon cher, d'avoir une maîtresse si haut placée.

Tout en disant ces mots, le marquis avait vu par un coup d'œil rapide que cette fenêtre était la seule donnant sur le jardin du petit hôtel.

— Mon cher chevalier, poursuivit-il en s'inclinant avec une grâce un peu moqueuse vers Rosine, une si jolie fille doit habiter un palais, cette pauvre chambre est indigne de ses beaux yeux. Si j'étais aussi heureux que vous, je ne réfléchirais pas cinq minutes pour enlever cette jeune colombe. Je vais retourner à mon hôtel, voulez-vous que je vous envoie mon carrosse?

— Vous êtes trop charmant, dit le chevalier. Je suis touché de tant de bonne grâce et de dévouement.

— Comptez sur moi, ma fortune, mon cœur et mon carrosse sont à vous.

La Châtaigneraye sortit après avoir jeté un dernier regard dans le jardin.

— Pourquoi votre ami est-il venu ici? demanda la jeune fille au chevalier en refermant la porte.

— Pour être témoin de mon bonheur; vous

ne savez pas comme celui-là est dévoué à ses amis, mais à moi surtout.

Le même jour, sur le soir, la Châtaigneraye revint à la chambre de Rosine, qui se pavanait déjà dans le boudoir indiscret du chevalier de Champignolles. Le marquis ne put s'empêcher de rêver un peu au sort de cette jeune fille, en voyant son lit désert, ses robes pendues çà et là, ses collerettes éparses, ces mille riens à l'usage de toutes les femmes, même les plus pauvres.

— Quel curieux enchaînement, pensait-il en s'accoudant sur le toit. La belle duchesse aime le violon. Je prends un maître pour parvenir à jouer le sentiment; mon joueur de violon me parle d'une main blanche qui me fait perdre la tête, je me laisse prendre à un amour tout hérissé d'obstacles; je fais un bon pas aujourd'hui, mais pour ce bon pas je détourne cette fille de son chemin. Tous les chemins ne vont-ils pas à Rome, c'est-à-dire au ciel. Elle en sera quitte pour se repentir.

Comme le marquis achevait ces paroles, une jeune dame traversa le jardin. Quoiqu'elle fût assez éloignée et à demi-cachée par les arbres, il décida qu'elle avait une jolie figure, une démarche nonchalamment gracieuse, une main des plus fines et des plus blanches.

— En vérité, dit-il, je ne m'étonne pas que je l'aie aimée avant de l'avoir vue. Cet hôtel est un château des *Mille et une nuits,* cette dame est quelque princesse enchantée.

Il suivit ardemment cette jeune dame d'un regard ravi. Elle se promenait sans but, ou plutôt dans le but de se promener. Elle effeuillait en passant toutes les roses un peu flétries. C'était un charmant spectacle de la voir soulever par intervalle sa robe blanche, dont la queue s'accrochait aux épines. Les boucles légères de sa chevelure étaient çà et là soulevées par le vent attiédi du soir. A chaque instant sa jolie main rejetait sur le côté ces boucles rebelles qui l'aveuglaient.

En moins de quelques minutes la Châtaigneraye en devint enthousiaste. Toutes les femmes qui l'avaient ébloui jusque-là s'évanouirent comme les étoiles, quand le soleil se lève. Après quelques détours dans le jardin, après bien des roses effeuillées, après avoir foulé ou secoué du pied le réséda et le romarin, elle rentra à l'hôtel d'un air de mélancolie.

La Châtaigneraye, qui n'était pas amoureux des nuages comme on l'est en notre temps, abandonna tout de suite son observatoire en proie à mille desseins plus extravagants les uns que les autres. Comment arriverait-il à séduire la dame?

C'était là une conquête dont eût désespéré le duc de Richelieu lui-même; mais en amour il ne faut jamais désespérer. Le marquis pensa d'abord à descendre tout simplement dans le jardin ; mais il réfléchit bientôt que c'était là un moyen violent ; en outre il risquait de se casser le cou dès le premier chapitre. Il remit cet expédient à des temps meilleurs. Il finit par décider, après avoir bien divagué comme font tous les amoureux, qu'il aurait encore recours au chevalier de Champignolles pour entrer en matière.

Il jugea à propos d'interroger les gens du voisinage ; il parvint sans peine à savoir ce qu'on disait au dehors des habitants de l'hôtel. C'était une jeune veuve et sa mère qui vivaient là à peu près solitaires ; un grand malheur les avait exilées de leur province ; elles passaient tristement leurs jours, n'ayant pour toute compagnie que trois à quatre conseillers, vieux amis de la mère, un abbé et une dame de la cour. La jeune veuve était connue sous le nom de la vicomtesse de Nestaing, et sa mère sous le nom de la comtesse de Grandclos; mais on croyait que toutes deux se cachaient sous des noms imaginaires. La vicomtesse de Nestaing cherchait des distractions dans la lecture, la musique et le dessin. Elle oubliait ses peines dans les peines imaginaires de quelque héroïne de roman. Elle jouait très agréablement du clavecin; elle peignait au pastel avec une grâce digne de Watteau qu'elle aimait à copier. Elle ne sortait guère que deux fois par semaine : le dimanche pour aller à la messe, le jeudi pour une promenade à la place Royale. En bon catholique, la Châtaigneraye pensa tout de suite à la suivre à la messe le dimanche; mais le moyen lui sembla un peu vieux; d'ailleurs il augura mieux du jeudi, parce que ce jour-là elle ne rentrait qu'à la brune.

VII

— Mon cher Champignolles, dit la Châtaigneraye au chevalier, à la première rencontre, j'ai découvert pour vous une aventure des plus piquantes.

— Ah! marquis, comment reconnaître jamais toute votre bonne grâce? Quelle est donc cette nouvelle aventure? En vérité, j'y perds la tête et le cœur.

— Où il n'y a rien, le roi perd ses droits; mais allons droit au but. Tous les jeudis, de sept à huit heures, une jeune veuve qui n'est pas aussi larmoyante que la matrone d'Éphèse, retourne seule, suivie d'une camériste, de la place Royale à la rue Sainte-Marie. C'est la plus belle femme du monde; elle couronnerait l'œuvre de vos conquêtes; ce serait un nouveau diadème à votre renommée. Vous ne pouvez vous dispenser...

— De quoi faire?

— De l'enlever.

— Et qui me délivrera de Rosine?

— Allons donc, est-ce qu'un homme comme vous doit songer aux maîtresses passées. Je vous le dis encore, vous ne pouvez vous dispenser d'enlever cette veuve; c'est un moyen violent, mais sûr. Une femme a toujours la plus grande vénération pour celui qui l'enlève. De l'audace, mon cher;

c'est un mot inscrit sur l'étendard de l'amour.

Vint le jeudi; le marquis et le chevalier se promenèrent sur le soir à la place Royale. La Châtaigneraye n'eut qu'à montrer madame de Nestaing pour que Champignolles devînt follement épris de cette douce et sauvage beauté. Ce soir-là, elle avait tout son éclat et toute sa grâce. Un sourire enchanteur, quoique légèrement attristé, animait sa figure noble et pâle; ses beaux cheveux noirs étaient plus agréablement bouclés que jamais. Elle éclipsait toutes les promeneuses, quoique son costume fût des plus simples.

— Eh bien, chevalier, que dites-vous de celle-là?

— Je l'aime déjà à la folie. Mais vous-même? vous vous métamorphosez donc en statue de marbre?

— Que voulez-vous? j'ai tant aimé depuis six mois.

— Les plus grands trésors s'épuisent, enfant prodigue que vous êtes.

— Vous ne voyez pas la dame qui s'en va. Voilà l'heure qui sonne.

— En vérité, je tremble un peu à la seule idée...

— Vous tremblez ! vous que je croyais si digne de moi ?

— Je tremble d'amour.

— A la bonne heure, au moins. Suivez-la donc, et à l'amour comme à la guerre. Songez que si vous menez cette aventure à bonne fin, le régent, émerveillé, poussera son admiration pour vous jusqu'à vous reconnaître pour un de ses roués. Vous n'oubliez pas que mon carrosse est à vos ordres dans la rue.

Ils se quittèrent là-dessus. Le chevalier était tremblant comme la feuille. Il ordonna à son valet de pied de se tenir prêt au moindre signal. Il suivit la dame d'assez loin d'abord, en proie aux battements de cœur les plus violents. Peu à peu il gagna du terrain, mais sans oser s'avouer qu'il suivait la dame pour l'enlever. La nuit tombait ; déjà les rues étroites étaient passablement obscurcies. Madame de Nestaing allait de plus vite en plus vite, se retournant à demi par intervalles pour voir si sa camériste la suivait toujours. Sur un signal du chevalier, son valet prit à partie cette fille, d'un naturel distrait. La rue où l'on était alors devenait déserte. Le chevalier comprit qu'il n'y avait pas de temps à perdre. Il joignit madame de Nestaing, l'arrêta sans façon, et lui dit avec l'accent le plus comique :

— Madame, je vous aime et je vous enlève.

Madame de Nestaing s'imagina d'abord avoir affaire à un fou ; elle se contenta de rire et de passer, mais Champignolles tint bon dans sa façon de penser et dans sa façon d'agir. Alors la jeune dame, peu habituée à de pareilles rencontres, pâlit, chancela et poussa un cri.

— Chloé! Chloé!

La suivante ne répondit pas; le valet avait mieux manœuvré que le maître.

— De grâce, reprit madame de Nestaing en se débattant, passez votre chemin ou conduisez-moi chez ma mère.

— C'est ce que je veux faire, voyez plutôt mon carrosse qui s'avance. Holà, Jeannot, viens à moi.

Madame de Nestaing, perdant la tête, se remit à crier. La Châtaigneraye, caché dans l'ombre d'une porte, jugea à propos d'entrer en scène. Il se jeta l'épée à la main sur le chevalier, qui, déjà à moitié mort de peur, abandonna tout à coup la partie.

Le jeune marquis saisit la main de la dame avec le respect le plus touchant.

— Madame, daignez me permettre de vous conduire à votre hôtel.

Avant que la dame n'eût le temps de répondre, le chevalier de Champignolles, qui n'était pas un lâche, tant s'en faut, revint sur ses pas l'épée à la main, résolu à pourfendre cet autre don Quichotte, apparu si mal à propos. La Châtaigneraye, qui eût répondu à dix épées comme celle du chevalier, se contenta de le désarmer. A ce trait, Champignolles reconnut le marquis.

— Silence! s'écria la Châtaigneraye, ou bien vous êtes mort.

Tout irrité qu'il fût, le chevalier s'éloigna sans dire un mot.

La Châtaigneraye rengaîna avec une grâce parfaite; après quoi, il poursuivit son œuvre.

— Madame, je suis trop heureux qu'un hasard tout providentiel m'ait conduit dans cette rue pour vous sauver d'un pareil guet-apens.

Madame de Nestaing ne répondit pas; l'épouvante l'avait saisie au suprême degré, elle ne comprenait plus rien à tout ce qui se passait.

— Madame, reprit la Châtaigneraye, mon carrosse est là, daignez y monter pour retourner à votre hôtel.

— Ce n'est pas la peine, dit madame de Nestaing toute tremblante, mon hôtel est à deux pas d'ici.

— Accordez-moi au moins, madame, la faveur de vous accompagner.

La vicomtesse ne répondit pas, mais elle appuya sa petite main sur la manchette du chevalier. Ils arrivèrent en silence devant l'hôtel; pendant que le marquis soulevait le marteau de la porte, madame de Nestaing lui fit un signe d'adieu; mais il ne voulait pas sitôt la perdre de vue.

— Madame, lui dit-il en s'inclinant pour la laisser passer, je prendrai la liberté de venir demain savoir de vos nouvelles.

— Vous serez le bien-venu, monsieur, ma mère sera heureuse de vous voir...

— Alors, daignez me permettre...

Le marquis suivit sans façon la vicomtesse. Ils joignirent dans l'escalier un vieux conseiller; ils entrèrent avec lui dans le salon. La mère de la vicomtesse faisait sa partie d'échecs avec un abbé. Quoiqu'elle aimât le jeu, elle commençait à avoir un peu d'inquiétude sur le retard inaccoutumé de sa fille; à chaque minute, elle interrogeait la pendule, et l'abbé, qui n'était pas charitable, profitait de ses distractions. Quand elle vit entrer la vicomtesse toute pâle et toute en désordre, en compagnie du conseiller et du marquis, elle se leva avec une curiosité soudaine.

— Que vous est-il donc arrivé, ma fille? — Bonsoir, conseiller.

— Une aventure incroyable, répondit la vicomtesse en tombant dans un fauteuil.

Le marquis vint saluer madame de Grandclos.

— Ma mère, reprit la vicomtesse, accueillez monsieur comme mon sauveur. Vous ne devineriez jamais ce qui vient de m'arriver. Je croyais qu'on n'enlevait les femmes que dans les romans. Eh bien, j'ai été surprise tout à l'heure par un fou qui voulait m'enlever sans plus de façon. Il n'a fallu rien moins que l'épée de monsieur pour me délivrer de cet audacieux.

— Quelle étrange aventure! dit la mère en embrassant sa fille.

Et se tournant vers le marquis :

— Comment reconnaître jamais, monsieur, ce que nous devons à votre bravoure. Daignez vous asseoir, et vous considérer comme chez des amis.

— Cela se voit tous les jours, dit le conseiller; on n'a jamais enlevé plus de femmes que depuis quelques années. Rien de plus naturel, la cour a donné le signal. Monsieur l'abbé, je vous plains, ou plutôt je ne vous plains pas; dans vingt ans vous aurez bien des Madeleines repenties à confesser. Pour ne pas aller plus loin, je vous apprendrai qu'une de vos plus jolies pénitentes, la petite Rosine, qu'on voyait toujours à sa fenêtre, si gaie et si chanteuse, vient d'être enlevée, à ce qu'on dit, par le marquis de la Châtaigneraye, un des roués du régent. Dans quel siècle sommes-nous?

— Hélas! dit l'abbé d'un air consterné, vers quel abîme allons-nous, grand Dieu! Cette jeune fille était une des plus fidèles brebis du troupeau.

— Que voulez-vous, dit le marquis, pour cacher le trouble où l'avaient jeté les paroles du président; il y a autant de loups que de brebis.

— Ce monsieur de la Châtaigneraye, reprit le conseiller, fait beaucoup de bruit par ses aventures et ses prodigalités. C'est un scandale. Il jette à pleines mains son argent par la fenêtre, il conduit vingt intrigues à la fois, aussi toutes les femmes raffolent de lui. L'étoile de Richelieu va pâlir devant la sienne.

La Châtaigneraye jugea à propos de donner son avis sur lui-même.

— Je crois bien, dit-il, que le marquis de la Châtaigneraye fait beaucoup de bruit pour rien, et se croit plus d'esprit, plus de femmes, plus d'argent qu'il n'en a, et en ceci on a le plus grand tort de le croire sur parole.

— Vanité des vanités, s'écria l'abbé en regardant d'un air triste ses échecs renversés.

— Vous connaissez donc le marquis de la Châtaigneraye, demanda le conseiller au marquis de la Châtaigneraye.

— Oui, monsieur, je l'ai rencontré à la cour; c'est un franc et joyeux garçon, toujours léger, toujours frivole, toujours amoureux. Tous les hommes en disent du mal, mais les femmes ne sont pas du même avis.

— Vous allez à la cour? murmura la vicomtesse, un peu curieuse,

— Il faut bien aller partout, madame.

— Vous y avez vu M. de Richelieu, M. de Nocé, madame de Parabère, madame de Phalaris, tous les roués et toutes les beautés de France et de Navarre?

— La plus belle n'est pas à la cour.

— Vous avez vu les bals masqués du Palais-Royal?

— Oui, madame; mais, à quoi bon le masque, quand on ne sait plus rougir?

— Vous y avez vu madame de Fargy? Elle a une bien jolie figure.

— Oui, mais par malheur son âme est sur sa figure.

Disant ces mots, le marquis s'inclina pour partir. Madame de Grandclos se leva.

— Que nous sachions au moins, monsieur, le nom de celui à qui nous devons tant.

Le marquis, pris au dépourvu, donna le premier nom qui lui vint à l'esprit.

— Monsieur de Riantz, dit-il, en s'inclinant une seconde fois.

Quand il fut sorti, ce ne fut dans le salon qu'un cri d'enthousiasme pour ses bonnes façons.

— Quelle charmante physionomie, dit madame de Grandclos; en vérité, je trouvais du plaisir à le voir, il m'a rappelé....

— Il n'a pas l'air écervelé des jeunes seigneurs d'aujourd'hui, interrompit le conseiller. Il porte bien sa tête et son épée.

— Celui-là, au moins, ne prend pas tout en plaisantant, comme c'est aujourd'hui la mode, dit l'abbé pour se joindre au concert.

Madame de Nestaing ne dit pas un mot, mais elle en pensa sans doute beaucoup plus long que les autres. La noble et spirituelle figure de la Châtaigneraye l'avait frappée. Malgré son effroi, elle avait pourtant remarqué tout ce qu'il y avait en lui de grâce et d'élégance. Elle avait vu avec quelle merveilleuse facilité il avait désarmé son ravisseur sans paraître agité le moins du monde. En un mot, il lui apparaissait sous les dehors les plus charmants. Maintenant qu'il n'était plus là, elle le voyait mieux encore. Rien ne lui échappait. Elle se rappelait avec un certain plaisir inquiet toutes les circonstances de leur rencontre ; elle entendait encore ce qu'il lui avait dit. Toute la soirée elle fut distraite ; le conseiller eut beau lui parler de la pluie et du beau temps. Comme il lui demandait des nouvelles de son petit chien Fanfreluche, elle lui répondit : « Est-ce qu'il n'y a point des Riantz dans votre province, conseiller ? »

VIII

La Châtaigneraye n'oublia pas de revenir le lendemain; il fut très bien accueilli. La vicomtesse jouait du clavecin. Il parla de l'Opéra en homme qui s'entend à la bonne musique. Comme il avait plus que tout autre l'art de parler avec esprit et avec grâce, il acheva de séduire madame de Nestaing. Cette fois, sa visite fut plus longue; il eut tout le temps de se mettre à l'aise. Il se familiarisa avec le vertugadin de madame de Grandclos et la physionomie de l'hôtel.

Le salon avait dans sa simplicité un certain caractère de grandeur. Un disciple d'Audran avait peint le plafond et dessiné quelques arabesques sur les lambris. Une Diane au bain, de l'école du vieux Jacques Vanloo, s'encadrait au-dessus de la cheminée. Cette Diane répandait un grand charme par son sourire coquet et par ses épaules ruisselantes. Elle ne se baignait pas pour elle, mais pour ceux qui la regardaient. Quoique éclairé par quatre fenêtres, ce salon était le plus souvent dans le demi-jour; sur la rue, les contrevents étaient presque toujours fermés; sur le jardin, même quand on ouvrait les croisées, de lourds rideaux de lampas d'un rouge sombre arrêtaient encore la lumière. La grande cheminée de marbre à ramages était largement sculptée ; cette cheminée était ornée d'une pendule de Boulle travaillée sur ébène et sur écaille, de deux chandeliers d'argent ciselé, de deux vases du Japon où l'on aurait pu planter de beaux orangers.

Madame de Grandclos avait plus de cinquante ans. En femme d'esprit, elle s'était résignée de bonne heure à être vieille femme. La résignation était d'autant plus méritoire que cette dame avait gardé certaines fleurs de jeunesse aimables encore. Elle avait pris de bonne grâce toutes les allures des femmes qui n'attendent plus rien que de leur cœur ; elle jouait aux échecs avec passion ; elle disait *dans mon temps*, elle parlait de son âge ; enfin, elle avait trouvé l'art d'être charmante, quoique vieille. Il faut bien dire qu'un grand malheur était venu la séparer violemment des joies de la vie ; elle avait brisé avec toutes ses amitiés ;

elle s'était retirée du monde : à peine si quelques vieux amis comme le conseiller et l'abbé venaient la distraire dans son exil.

Ce grand malheur, personne n'en parlait. C'était un secret de famille enseveli dans le cœur de madame de Grandclos et de madame de Nestaing. Quand elles étaient seules, elles pleuraient; elles-mêmes ne se parlaient plus de ce malheur que par leurs tristes regards. Qu'était-il donc arrivé de si effrayant et de si mystérieux ? quelle sombre catastrophe avait donc frappé ce cœur de mère et ce cœur de jeune femme ? On parlait du veuvage de madame de Nestaing, jamais on ne disait un mot de son mari. Si parfois, dans ses jours les plus désolés, le conseiller, un peu étourdi, cherchait à la consoler sur son veuvage, elle devenait pâle comme la mort, elle baissait la tête en silence plutôt comme une victime que comme une coupable.

Il y avait deux ans et demi que madame de Grandclos et sa fille habitaient l'hôtel de la rue Sainte-Marie. Pour toute distraction à leur peine, elles se promenaient dans le jardin, même l'hiver; elles lisaient quelques livres graves, elles écoutaient divaguer leurs amis sur l'histoire du jour; çà et là madame de Nestaing mêlait ses tristes souvenirs aux notes aiguës du clavecin; il lui arrivait aussi, on l'a déjà vu, de peindre au pastel. Le salon était orné par elle de trois portraits de fantaisie touchés avec une grande délicatesse et une grande fraîcheur de coloris.

La Châtaigneraye vanta beaucoup ces portraits; c'étaient des figures de femmes; les physionomies avaient je ne sais quoi de noble et de tendre qui faisait songer à la vicomtesse.

— Peut-être sont-ce vos sœurs? demanda le marquis à madame de Nestaing.

— Oh! mon Dieu non; ou plutôt ce sont des

sœurs imaginaires qui me parlent quelquefois dans la solitude.

— Figurez-vous, M. de Riantz, dit madame de Grandclos, que j'aime ces belles créatures comme des amies d'autrefois. D'ailleurs, comment ne pas les aimer? elles sont si faciles à vivre. L'abbé est très sérieusement amoureux de celle qui a une couronne de marguerites. L'abbé n'a pas souvent de pareilles pénitentes à son confessionnal. Quand je veux qu'il perde sa partie d'échecs, je n'ai qu'à le placer en face de cette figure.

— Prenez garde, ma mère, dit la vicomtesse en souriant, l'abbé se vengera.

L'après-midi était des plus belles; on passa à une des fenêtres du jardin. La Châtaigneraye se trouva un instant seul avec la vicomtesse.

—En vérité, madame, dit-il en la regardant avec une tendresse brûlante, il doit être doux de vivre ici : on y respire si bien l'oubli du monde !

— L'oubli du monde, monsieur? répondit la vicomtesse sans trop savoir ce qu'elle allait dire, il vous sied bien de parler ainsi, vous qui sans doute n'avez pas assez de temps pour courir les fêtes.

— Croyez-moi, madame, les fêtes du monde sont pour moi les fêtes de l'ennui. J'ai toujours rêvé avec un charme secret une vie oubliée dans les joies du cœur. La solitude et le silence, l'amour sans bruit et sans éclat, voilà ce que je demande au ciel.

— Je ne vous crois pas. Vous parlez comme un sage de la Grèce ; or, vous êtes à Paris, sous la Régence. On a beau faire, on est toujours de son siècle.

— J'ai débuté avec mon siècle par toutes les folies qu'inspirent la fortune et l'oisiveté; mais ne trouvant ni feu ni flammes, ni fleurs ni épines dans tous ces plaisirs qu'on se dispute pour être à la mode, j'ai pris le temps de réfléchir. Eh bien, madame, la réflexion m'a conduit à une tout autre route. Me voilà arrivé à espérer un cœur simple pour m'aimer un peu. Songez-donc, madame, comme il doit être doux de vivre à deux de la même vie, sous le même rayon de soleil, sous le même toit, sous le même arbre. Mais comment se fait-il que je vous prenne ainsi à brûle-pourpoint pour confidente de mes rêves? Pardonnez-moi si je vous parle le même langage que je parlerais à ma sœur.

— Vous avez une sœur? dit la vicomtesse d'un air distrait.

— Oui, madame, une sœur presque aussi belle que vous; c'est la même grâce et la même noblesse; le même regard qui va droit au cœur. Mais vos yeux sont plus bleus et plus doux.

— Je suis sûre que votre sœur est plus belle que moi, voilà bien l'amour fraternel.

A cet instant, madame de Grandclos survint. Après quelques paroles sans suite et sans raison, la Châtaigneraye s'inclina et sortit sans dire s'il reviendrait.

— Savez-vous, ma fille, dit la comtesse, que M. de Riantz est un garçon accompli. Quelle bonne grâce! quel naturel charmant! quel esprit facile! Il me raccommode avec ce temps-ci.

La vicomtesse, troublée jusque dans le cœur, ne répondit pas un mot. Elle était effrayée de l'amour du marquis; car, à coup sûr, ce qu'il venait de lui dire était une bonne et valable déclaration. La Châtaigneraye croyait avoir parlé avec la plus grande réserve, cependant elle le trouvait bien hardi, elle qui n'avait jamais été aimée, elle qui n'avait pas encore entendu parler d'amour. Elle résolut de ne plus le voir. « D'ailleurs, dit-elle, avec un chagrin secret, qui sait s'il reviendra? »

IX

On annonça alors la baronne de Montbel.

C'était la seule amie de la vicomtesse. Elle venait la voir toutes les semaines, mais un seul instant, car elle vivait dans le tourbillon du monde. Elles s'étaient connues en province, elles étaient même cousines par alliance. Quoique d'un caractère très contrastant, elles aimaient à se voir, à se confier, l'une ses peines, l'autre ses plaisirs. La baronne de Montbel avait vingt-huit ans. Comme elle avait beaucoup pirouetté dans sa vie, — en tout autre siècle on dirait aimé, — elle laissait déjà voir les premiers coups d'aile du temps. Peut-être sa beauté n'y avait-elle rien perdu. C'était une beauté moins sévère que celle de madame de Nestaing; mais il y avait bien des séductions dans sa figure un peu chiffonnée. Elle savait mettre en œuvre à propos tous les jeux de physionomie; on la voyait tour à tour tendre, dédaigneuse, enjouée, languissante; il ne lui manquait guère que d'être simple et de bonne foi. Elle poussait jusqu'au génie l'art de se coiffer et de s'habiller. Sa voix était presque de la musique, tant elle avait aimé à s'écouter et à être écoutée. En un mot, elle était charmante et frivole des pieds à la tête. Si on voulait parler à son cœur, on n'avait point de réponse, mais son esprit était toujours là prêt à tout, — une petite lame d'argent très aiguë où tout le monde s'égratignait un peu. Elle était coquette à faire peur. Vivant loin de son mari, qui cultivait bravement sa terre en Bretagne, elle avait eu des adorateurs sans nombre, peut-être même avait-elle eu des amants ; mais on n'osait encore le dire tout haut. Elle était fêtée et enviée dans les plus grands cercles ; elle allait aux bals du Palais-Royal ; rien ne lui faisait défaut, si ce n'est le Temps, ce railleur impitoyable, qui venge tant de soupirants éconduits.

— Figurez-vous, ma belle, que je n'en puis plus, dit madame de Montbel en se jetant sur le grand canapé ; mon hôtel devient une cour, je suis obsédée du matin au soir des gentilshommes, des poëtes, des abbés, ils n'en finissent pas, c'est insupportable. Si j'en avais le temps, j'en tomberais en syncope.

— Tu es bien à plaindre, en vérité, dit madame de Nestaing d'un air de regret.

— Tout à l'heure encore je ne pouvais me délivrer du comte de Bellegarde et de M. de Fontenelle. Que ces hommes d'esprit sont souvent des pauvres d'esprit ! Je suis accablée de madrigaux.

— Ma pauvre Zoraïde, veux-tu que je te fasse respirer des sels?

— Je te jure que tu es heureuse de vivre en dehors du monde. Ces hommes sont si obstinés, que quand on les met à la porte ils reviennent par la fenêtre. Tu sais que je ne suis pas facile à vivre; eh bien, depuis mon arrivée à Paris, avec la meilleure volonté du monde, je n'ai pu parvenir à me fâcher avec quoi que ce soit. On persiste à me trouver jolie, charmante, adorable, quand je ne suis qu'une femme ennuyée.

— Ne t'imagine pas que je sois à l'abri de ces

messieurs. Il m'est arrivé une aventure. J'ai failli être enlevée !

— Enlevée ! c'est charmant. On s'était donc trompé ?

Madame de Nestaing répondit en souriant un peu :

— Qu'y a-t-il donc d'étrange à cela. Il me semble qu'on pourrait se tromper plus maladroitement.

La baronne se mordit les lèvres.

— Mais, ma belle, tu ne comprends pas ce que j'ai voulu dire. Certes, tu es bien digne d'être enlevée. Je ne me suis récriée qu'à cause de ta vie de recluse.

— Quoi qu'il en soit, j'ai failli être enlevée. Que dis-je, j'étais déjà dans les bras de mon ravisseur, quand un monsieur de Riantz, un marquis, un comte, un baron, je ne sais, est passé fort à propos.

— Eh bien, moi, à te parler franc, j'en aurais beaucoup voulu à M. de Riantz. Je n'aurais pas été fâchée d'être enlevée une fois en ma vie. C'est une aventure piquante; n'est pas enlevée qui veut, et être enlevée quand on ne le veut pas, c'est un magnifique coup de fortune. Raconte-moi donc toute cette histoire.

—Oh! mon Dieu, c'est bien simple. Hier, je revenais de la place Royale, où je vais respirer un peu tous les jeudis pour voir les enfants qui jouent, tu sais comme je les aime. Il faisait nuit ou à peu près, Zoé me suivait d'un peu loin, je marchais sans crainte, ne pressentant guère ce qui allait m'advenir. Tout d'un coup un homme se jette devant moi. « Madame, me dit-il, je vous aime et je vous enlève. »

— Le sot! s'écria la baronne. Est-ce qu'un galant homme avertit jamais une femme qu'il va l'enlever.

— Cependant il avait l'air d'y tenir beaucoup. Il m'avait sans façon saisie par le corsage; j'avais beau me débattre et crier, il m'entraînait, sans s'attendrir, vers son carrosse.

— Il avait un carrosse!

— Il avait compté sans M. de Riantz, qui passait dans la rue. M. de Riantz me saisit d'une main, et de l'autre il repoussa victorieusement mon ravisseur.

—Tout à fait comme dans les contes de fées.

— C'était sérieux. Le ravisseur ne se tint pas sitôt pour battu, il revint l'épée à la main; mais en moins de trois secondes, M. de Riantz lui fit sauter son arme à l'autre bout de la rue. Après quoi, il me conduisit jusqu'en ce salon, au grand ébahissement de ma mère, de l'abbé de Kerkado et du conseiller Lavergne.

— Patience, celui-là vaut peut-être mieux que l'autre. M. de Riantz... M. de Riantz... il me semble que je connais ce nom-là.

— Tu le connais?

— Mais, oui, je l'ai rencontré je ne sais où. Il est charmant, si j'ai bonne mémoire; est-ce que ce n'est pas ton avis ?

— Je le trouve aimable, beaucoup de naturel et de simplicité, en même temps beaucoup de grâce et d'esprit.

— Il serait curieux que tu devinsses amoureuse de ce chevalier servant, de ce redresseur de torts, de ce don Quichotte du Marais.

— Hélas! dit madame de Nestaing en soupirant, peux-tu me parler d'amour, à moi que tu connais. Est-ce que je puis aimer?

— Hé mon Dieu! une femme n'aime jamais que quand elle ne peut pas aimer. Moi, par exemple, rien ne m'empêcherait; hé bien, je n'ai pas le cœur à l'amour. Est-ce que tu verras M. de Riantz?

— Je n'imagine pas, il a bien d'autre chose à faire. D'ailleurs à quoi bon le revoir, il prendrait peu de goût à notre solitude. Il n'est pas d'âge ni d'humeur à vivre dans une cellule.

— Qui sait ? pour faire pénitence avec toi. Il faudra que je demande à M. de la Châtaigneraye ce qu'il pense de ce monsieur de Riantz ; il doit le connaître, lui qui va partout, lui qui a tous les jours un rendez-vous pour se battre ou pour aimer. M. de la Châtaigneraye, voilà à coup sûr le plus charmant roué du régent. Que d'autres vantent M. de Richelieu et M. de Nocé, moi je suis pour la Châtaigneraye.

— Je ne comprends guère cette passion mal entendue. J'ai ouï parler de ce jeune seigneur, qui est un fou et un désœuvré. Il a promené le scandale jusque dans cette rue. N'as-tu pas remarqué, en te promenant dans le jardin, cette jolie fille qui travaillait à sa fenêtre soir et matin, toujours chantant.

— Oui. Nous nous étonnions de sa gaieté.

— Hé bien! elle ne chante plus; elle a perdu sa gaieté, du moins si j'en crois mes pressentiments.

— Que lui est-il donc arrivé?

— Tu ne devines pas? M. de la Châtaigneraye l'a séduite et perdue.

— M. de la Châtaigneraye! tu ne sais pas ce que tu dis? Un homme qui a tant d'aventures à la cour! C'est impossible.

— En amour rien n'est impossible. En amour le meilleur blason est sur la figure. Une jolie fille est toujours une brillante aventure.

— Tu me désenchantes un peu sur le compte de M. de la Châtaigneraye. Mais adieu, ma chère, j'oublie que le temps passe, je suis attendue chez la marquise de Clacy, chez la duchesse de Praslin. J'ai promis d'aller à l'Opéra et à la Comédie française, sans compter que je dois souper chez la comtesse de Montaignac.

Adieu ; ne te fie pas à M. de Riantz pas plus que je ne dois me fier à M. de la Châtaigneraye.

Là-dessus la jolie baronne fit une pirouette, s'inclina devant la glace, rajusta sa coiffure et partit.

— Ah ! murmura madame de Nestaing, que je suis étourdie et fatiguée de tout le bruit qu'elle fait.

La première figure que madame de Montbel vit chez la marquise de Clacy fut la figure de la Châtaigneraye.

— On m'a parlé de vous tout à l'heure, monsieur de la Châtaigneraye, dit-elle après avoir salué la marquise.

— Je vois bien, madame, à votre sourire qu'on vous a dit du mal de moi. Il est vrai que c'est tout ce qu'on peut en dire.

— On vous accusait gravement.

— De quoi suis-je donc coupable ? De ne

pas vous avoir dit assez combien je vous trouve adorable.

— J'ai cela de commun à vos yeux avec beaucoup d'autres ? Voici l'acte d'accusation : il y avait une fois une jeune fille du Marais...

— C'est un conte, dit vivement la Châtaigneraye.

— Cette jeune fille était célèbre dans tout le voisinage par sa beauté et ses chansons. Elle vivait de son travail, et peut-être d'un peu d'amour ; elle était heureuse dans sa pauvreté et dans son ignorance. Tous ceux qui passaient dans la rue Sainte-Marie levaient avec enchantement la tête pour l'admirer. Mais un jour, plus de chansons, plus de jolie fille, elle avait disparu comme un songe. On se demande où elle est allée ? Sa fenêtre attristée a l'air d'un cadre sans portrait. Dites-moi, monsieur de la Châtaigneraye, est-ce que vous ne pourriez pas m'en donner des nouvelles ?

— Vous me faites trop d'honneur, madame. Je voudrais bien être coupable d'un si joli péché. Vous me faites presque regretter par votre charmant tableau de n'être pour rien dans cette affaire.

— N'en parlons plus, l'amour aime le mystère et le silence. Pour passer d'un chapitre à un autre, ne connaissez-vous pas M. de Riantz !

— Est-ce qu'il existe un M. de Riantz ? A-t-il donc la gloire de vous plaire ?

— Pas le moins du monde; c'est le héros d'une aventure qui vient de m'être racontée. Voilà pourquoi je vous parle de lui.

— Daignez me dire un mot de cette aventure, madame la baronne ?

La Châtaigneraye était pâle de curiosité et d'impatience.

Madame de Montbel raconta sans se faire prier l'histoire que vous savez déjà de point en point.

— Et la dame en question, reprit la Châtaigneraye, croyez-vous qu'elle s'intéresse à celui qui l'a sauvée de ce mauvais pas. Puisque vous êtes l'amie de cette dame, vous devez savoir le passé, le présent et l'avenir en ce qui la regarde.

— Quand j'aurai vu M. de Riantz, je vous répondrai là-dessus.

—Pourvu qu'il ne se rencontre pas un M. de Riantz, pensait la Châtaigneraye en se promenant dans le salon. Pourtant ce nom sent la province ; les Riantz sont ensevelis dans l'obscurité de quelque donjon féodal. J'aurai tout le temps de mener cette aventure à bonne fin ; mais, en vérité, j'adore la vicomtesse. Si je n'étais emporté par le tourbillon du monde, je serais capable de l'épouser par cette jolie main blanche qui a séduit ce pauvre Franjolé.

X

N'oublions pas notre joueur de violon. Rien n'est changé dans sa vie toute de calme, de poésie et de musique; le plus souvent vous pouriez le rencontrer, son violon d'une main, un livre ouvert de l'autre, dans le sentier de sa bibliothèque. Il se lève tard, quoiqu'il dorme très peu, mais rien ne le charme tant que de rêver tout éveillé le matin quand un rayon de soleil égaie sa fenêtre. A quoi rêve-t-il ? Est-ce l'espérance ou le souvenir qui vient se pencher à son oreille? Retourne-t-il dans sa vie passée, à sa jeunesse aventureuse, à ses folles chimères du beau temps ; ou bien promène-t-il ses songes dans la poésie mystérieuse de l'avenir ?

Il se lève à dix heures, quand vient la fruitière pour lui apporter à déjeuner, c'est-à-dire du pain, de l'eau et des fruits. Il déjeune gaiement sans souci d'argent et de serviteur. Après déjeuner, il feuillette son cher Lulli, il chante, il joue, il étudie. Jusqu'à deux heures il se laisse aller à tous les charmes d'une paresse intelligente. Dans ses jours de travail, il rétablit les bords écroulés de son sentier, c'est une œuvre de longue haleine, car allant de découverte en découverte, il lui arrive parfois de faire un dégât pour longtemps irréparable dans le chemin de la science.

Vers deux heures il sort pour se promener, pour vendre sa musique, çà et là pour donner une leçon, ce qu'il ne fait qu'à son corps défendant et à force de prières. Il passe souvent à l'église et à l'Opéra pour être au courant de la gazette musicale, il dîne et soupe sans façon au cabaret avec des amis musiciens. Il rentre à son logis, prend un livre au hasard et s'endort avec un sourire de pitié pour les vanités humaines; mais le matin il s'éveille avec un sourire de reconnaissance pour le soleil, pour le ciel, pour les arbres, pour le créateur des belles et bonnes choses. Voilà à peu près la vie de Franjolé. Il passe pour un grand fou, peut-être est-il un grand philosophe. J'aime à croire qu'il n'est ni l'un ni l'autre.

Au bout d'un mois il retourna à l'hôtel de la Châtaigneraye pour donner une leçon au marquis, résolu d'en finir si sa leçon n'était pas mieux écoutée que les deux premières fois.

C'était le surlendemain du guet-apens du chevalier de Champignolles.

— Eh bien, mon cher musicien, lui demanda la Châtaigneraye, que se passe-t-il de nouveau dans le Marais ?

— Rien.

— Que devient la jolie main blanche ?

— Vous m'y faites penser ! depuis deux jours elle ne fait plus l'aumône.

— Est-ce que le joueur de flûte ne passe plus sous la fenêtre ?

— Il joue plus mal que jamais. La dame est peut-être malade.

— Ou distraite, dit la Châtaigneraye avec un certain sourire d'orgueil.

XI

Trois jours après, le marquis retourna chez madame de Nestaing. Il trouva la mère et la fille dans une tourelle de chèvrefeuille et de vigne vierge au milieu du jardin, l'une filant de la soie à la quenouille, l'autre lisant le joli roman plus ou moins grec : *Théagène et Chariclée.*

— A merveille, pensa la Châtaigneraye tout en saluant, elle lit un roman.

En 1718, on savait aussi bien qu'aujourd'hui que les romans ne plaisent qu'aux esprits romanesques.

On parla roman durant un quart d'heure ; après quoi, on se promena dans les détours les plus ténébreux du jardin. On se garda bien de parler d'amour ; mais, comme il arrive souvent entre gens bien élevés, l'amour jouait merveilleusement son rôle par les regards, le son de la voix, la façon de se toucher en marchant. Le temps et le lieu étaient bien choisis. Un orage s'annonçait de loin, l'oiseau battait des ailes, le feuillage s'agitait par mille secousses, les fleurs répandaient plus doucement leur baume pénétrant. Enfin, il y avait dans l'air et dans le jardin, je ne sais quelle mystérieuse langueur qui arrivait à l'âme avec mille voluptés insaisissables, qui versait au cœur tout le charme et toute l'ivresse de la nature aux plus beaux jours de juillet.

Dans une certaine allée tapissée d'une charmille touffue, le marquis et la vicomtesse ne trouvèrent plus rien à se dire, — sans doute parce qu'ils trouvaient trop. — Madame de Grandclos, distraite par quelques œillets renversés sur son chemin, suivait sa fille d'un peu plus loin. La Châtaigneraye saisit tout à coup la main de madame de Nestaing.

— Vous avez compris, madame, — vous savez que je vous adore.

La vicomtesse ne répondit pas; elle rougit, baissa la tête et dégagea sa main, mais la Châtaigneraye avait eu le temps de surprendre deux baisers.

Madame de Nestaing retourna sur ses pas à la rencontre de sa mère. Le marquis s'imagina d'abord qu'elle était fâchée sérieusement; mais comme madame de Nestaing parla à sa mère de l'air du monde le plus naturel, il s'applaudit de sa hardiesse.

Madame de Nestaing était indignée de cette audace; elle résolut d'abord de ne point pardonner au marquis; mais déjà son cœur n'était plus d'accord avec sa raison. Et puis, il faut bien le dire, une femme oisive qui n'a depuis deux ans aimé que des fleurs et des héros de romans, ne peut se défendre d'un certain plaisir quand on lui baise si galamment la main.

On se promena encore; la vicomtesse ne quitta plus sa mère. Cependant la Châtaigneraye partit enchanté; elle avait vainement pris un air digne et glacial: son regard l'avait trahie.

XII

Quelques jours se passèrent sans que la Châtaigneraye reparût. Madame de Nestaing, qui flottait entre la crainte et l'espérance de le revoir, s'ennuyait mortellement. Elle ne prenait plaisir à rien. La musique l'irritait; elle ouvrait un roman pour le refermer aussitôt; le roman de son cœur avait gâté tous les autres. Vingt fois le matin et le soir elle descendait au jardin comme si elle dût y poursuivre un doux rêve. Elle aimait surtout l'allée tapissée de chèvrefeuille; elle s'y arrêtait en soupirant, elle inclinait la tête et demeurait longtemps égarée dans le souvenir terrible du baiser.

La baronne de Montbel vint la voir un jour, et la surprit toute émue dans cette allée.

— Quelle mélancolie, ma belle! Est-ce que le beau M. de Riantz est revenu.

— Qui t'a donc parlé de sa beauté?

— Je ne sais, un bruit du monde. Peut-être est-ce le marquis de la Châtaigneraye qui m'a dit cela.

— Tu vois donc toujours cet homme qui fait un si triste jeu de l'amour, qui joue à qui gagne perd avec toutes les femmes.

— Moi, je n'ai rien de caché pour toi; sache-le donc, je suis folle de M. de la Châtaigneraye. C'est au point que je crois l'aimer.

— Est-ce que tu aimes quelqu'un, si ce n'est toi-même.

— En vérité, si j'avais le temps, je l'aimerais. Tu ne saurais t'imaginer comme cet homme répand la séduction sur ses pas. Tous les cœurs le suivent.

— Voilà bien la mode! Je suis sûre qu'il y a de par le monde vingt gentilshommes dédaignés qui ont plus de charme que M. de la Châtaigneraye.

— Je comprends, des gentilshommes comme M. de Riantz. — Tu l'aimes?

— Moi, l'aimer!

Madame de Nestaing pâlit et soupira.

— Pourquoi tant de secrets entre nous? Ne t'ai-je pas dit que j'adorais le marquis de la Châtaigneraye.

— Oui, mais pour toi l'amour est un caprice pur et simple.

— La semaine passée, peut-être; mais cette semaine, un certain baiser sur la main m'a ouvert les yeux et le cœur.

— Un baiser sur la main?

La vicomtesse, qui était encore pâle, rougit et détourna la tête.

— Qu'as-tu donc, Edmée?

Madame de Nestaing appuya son front sur l'épaule de sa cousine.

— J'ai aussi un baiser sur la main.

— Ah! voilà donc le secret! Et cela t'attriste? pourquoi, si la bouche est jolie? On voit bien que tu ne vas pas à la cour. Madame de Berry n'y regarde pas de si près. Madame de Castries eût offert l'autre main. Est-ce que tu t'imagines que la vie est faite pour contempler les étoiles ou les nuages. Songes-y, l'amour passe avec le temps, mais le temps passe aussi bien sans l'amour. A mon âge, tu raisonneras comme moi.

— Jamais ! s'écria la vicomtesse.

— A la cour comme à la cour ! il faut hurler avec les loups. Je me laisse adorer comme tant d'autres. A quoi bon la beauté sans l'amour ?

— Tu ne sais pas ce que tu dis.

— Adieu. Le marquis de la Châtaigneraye doit me venir voir à trois heures.

A deux heures et demie, la volage et capricieuse baronne de Montbel était couchée nonchalamment sur le sofa de son boudoir; elle était dans le plus joli négligé du monde, c'est-à-dire vêtue comme pour l'amour de Dieu. Une gracieuse robe ouverte de soie grise à guirlandes de fleurs enlacées, laissait voir une jupe de satin rose et un corsage garni d'un bouquet de fleurs naturelles. Elle feuilletait un roman, mais elle ne lisait pas. Ses regards distraits allaient sans cesse de la fenêtre à la pendule. Par la fenêtre elle interrogeait le temps, à la pendule elle interrogeait l'heure. La pendule était des plus mythologiques. Elle était dominée par un vieillard ailé qui fuyait trompette en main ; sous le cadran, trois vieilles filles ennuyées passaient leurs heures, l'une à filer un certain fil qu'elle donne à retordre aux mortels, l'autre à tenir ce fil par le bout, la troisième à couper ce fil, tantôt près de la quenouille, tantôt de l'autre côté, tantôt vers le milieu, selon son caprice.

Depuis trois ans que la baronne de Montbel voyait chaque jour cette pendule, elle n'avait pas encore deviné toute la profondeur du sujet. Ce jour-là, elle eût tout d'un coup une révélation subite.

— Je comprends, dit-elle, émerveillée de sa pénétration ; ces trois fileuses, qui ne filent pas toujours l'or et la soie, ce sont les Parques ; ce vieillard, qui a des ailes, c'est le Temps. Hélas! comme je disais à Edmée, que de fois le temps passe sans l'amour! car M. de la Châtaigneraye ne vient pas vite.

Là-dessus, madame de Montbel rouvrit le roman qu'elle avait à la main. A cet instant, le marquis de la Châtaigneraye souleva silencieusement la portière du boudoir. Madame de Montbel n'entendit pas, ou fit semblant de ne pas entendre ; il eut tout le loisir de contempler la dame et le boudoir.

Ce boudoir était des plus coquets et des plus amoureux ; il était tendu de velours blanc ; un lustre en porcelaine de Saxe suspendait au-dessus d'une table en mosaïque toutes ses roses épanouies. Sur la cheminée, de chaque côté de la pendule, on voyait des groupes de Sèvres représentant une scène champêtre et servant de candélabres. Sur la table en mosaïque étaient éparses de ravissantes chinoiseries autour d'un beau lys naturel qui venait de fleurir.

Un doux parfum de femme et d'amour était

répandu partout. Le marquis respirait avec ivresse, comme s'il se fût trouvé dans un autre paradis terrestre.

Il ne savait où arrêter ses yeux; il admirait au même instant les arabesques du plafond et la bergerie galante du tapis des Gobelins, qui s'étendait jusqu'à ses pieds.

Il admirait une Suzanne au bain dans le joli goût de Santerre, richement encadrée au-dessus de la glace de la cheminée. Il admirait surtout dans cette glace l'image de la jolie baronne couchée avec tant d'art sur son sofa doré.

Il jugea à propos d'entrer.

— Madame la baronne, dit-il en s'inclinant, daignez me pardonner, si je vous surprends ainsi. Ah! si nous étions amoureux, je dirais l'amour ne va que par surprises.

— Ah! c'est vous, M. le marquis, murmura madame de Montbel d'un air distrait. Je ne vous attendais pas si tôt. J'étais en train de lire un roman qui me charmait.

— Je suis désolé, madame, de vous arrêter en si beau chemin.

— Eh bien, marquis, que dit-on de curieux ce matin?

— Je ne sais rien de curieux. J'ai pris une leçon de violon et j'ai pris une leçon d'armes.

— Quoi! après tant de duels vous prenez encore des leçons pour tuer votre monde.

— C'est par humanité. A force de science j'arriverai à donner des coups d'épée sans faire de mal.

— Et pour qui prenez-vous donc des leçons de violon?

— Pour moi, pour vous; ne vous effrayez pas si je continue avec tant de persévérance; je parviendrai à jouer un air avant un an.

Le marquis et la baronne se mirent à parler des chevaux fringants de M. de Coigny, des duels de M. de Rohan, des aventures de M. de Richelieu, des amants de *la belle duchesse*. Ils se complurent surtout à esquisser le portrait de la célèbre présidente de Glatigny. Ils commencèrent par dire comme tout le monde qu'elle était jolie et charmante. « Oui, elle est jolie, dit la baronne, il est bien fâcheux qu'il manque une perle à sa bouche.

— Il en manque deux, si j'ai bonne mémoire.

La baronne sourit pour montrer toutes ses dents.

— Mais on la dit très fraîche?

— Je ne sais pas à quelle heure.

— Comment trouvez-vous sa main?

— Très bonne à mettre des pantoufles.

— On vante beaucoup ses yeux.

— On devrait n'en vanter qu'un à la fois, car je vous assure qu'elle regarde un peu de travers.

— Quand elle vous regarde, je le crois; elle a bien raison. Ce qui séduit surtout en elle, c'est sa taille fine et souple.

— Je vous accorde cela, baronne; mais, en vérité, vous y mettez trop de bonne grâce. Savez-vous que les portraits que nous faisons sont fort agréables, un peu flattés, à coup sûr.

La baronne qui, jusque-là, avait été mise plus d'une fois en parallèle avec la présidente, trouva que le marquis de la Châtaigneraye était décidément un homme de goût.

— Je ne le croyais pas si spirituel, pensa-t-elle en le regardant à son tour dans la glace. Si je n'étais pas une femme raisonnable, je finirais par l'aimer.

XIII

Le même jour, sur le soir, comme madame de Nestaing se promenait encore dans le jardin, solitaire et pensive, un billet lancé sur son chemin, de la fenêtre de Rosine, vint la distraire et l'agiter violemment.

Ce billet était cacheté aux armes d'un marquis. Il exhalait un parfum de violette et de jasmin. Il était écrit comme la plupart des lettres du temps, sur un papier à vignettes. La jolie vicomtesse s'enfonça dans l'allée pour y lire le billet dans le plus grand silence et le plus grand mystère.

« Madame,

« Vous êtes belle, et je vous adore; mais je ne vous ai point assez dit avec quel feu et quelle tendresse. Daignez ouvrir votre fenêtre demain à minuit et demi; je serai dans le jardin pour vous donner une sérénade. Il y a sérénade et sérénade. Je n'aurai pas de mandoline, je toucherai tout simplement les cordes de mon cœur.

« Marquis de Riantz. »

— Quelle audace! — Ouvrirai-je la fenêtre? se demanda madame de Nestaing après avoir lu cet étrange billet.

— Qu'ai-je à craindre, reprit-elle en rêvant,

moi à la fenêtre, lui dans le jardin? Mais, comment fera-t-il pour descendre dans le jardin? C'est impossible. Ce jardin est celui des Hespérides.

Une voix secrète dit à la vicomtesse qu'en amour rien n'était impossible. Pour l'amour il n'y a jamais de trop hautes murailles. Les inventeurs de la fable n'ont pas oublié de donner des ailes à Cupidon pour aller partout comme pour aller vite.

XIV

La Châtaigneraye n'avait pas vu Champignolles depuis le jour de l'enlèvement.

— Il paraît qu'il a pris la chose au sérieux, se dit-il à diverses reprises; je n'en suis pas fâché. C'était un ami de bonne volonté, mais il me fatiguait beaucoup.

Cependant le chevalier revint à l'hôtel du

marquis. L'entrevue fut des plus drôles. Champignolles commença à parler très haut. Il se plaignit d'avoir été joué, il demanda raison de cette offense. La Châtaigneraye lui répondit sur le même ton.

— Comment, mon cher, vous vous plaignez; si vous aviez vu comme moi le dessous des cartes, vous m'accableriez de bénédictions. Ingrat, je vous ai sauvé du plus mauvais pas qu'on puisse faire en ce monde.

— A d'autres, dit Champignolles d'un air d'incrédulité.

— Corbleu! si vous n'avez confiance en mon amitié, je ne dirai pas un mot de plus.

— Expliquez-vous, je n'ai jamais douté de votre amitié.

— Sachez donc, mon cher, que la dame que vous enleviez est la sœur d'un fier-à-bras qui vous eût pourfendu sans pitié à la première rencontre. Un frère complique toujours beaucoup trop les aventures. Je n'avais appris l'existence de celui-là qu'au moment où nous nous quittions ; je suis accouru en toute hâte; grâce à Dieu, j'ai pu arriver à temps. Que voulez-vous, en amour comme en toute chose, il faut s'habituer à voir le revers de la médaille. Si je vous disais que moi-même j'ai failli être victime de mon dévouement.

— Je suis confondu, s'écria Champignolles, étourdi par tant de bonnes raisons. Comment! j'ai pu douter de votre amitié, si franche et si protectrice.

— Écoutez, chevalier, je veux cette nuit même vous en donner encore une preuve. Vous avez vu le jardin qui s'étend sous la fenêtre de Rosine. A propos, qu'est devenue cette jolie fille?

— Je n'y comprends rien. Je l'ai habillée des pieds à la tête, je lui ai ouvert mon cœur et ma bourse. Elle a puisé dans ma bourse, et s'est enfuie je ne sais où. A quoi dois-je attribuer cette manière de vivre?

— Vous étiez trop grand seigneur pour elle. N'en parlons plus. Or donc, dans le jardin qu'elle avait en perspective, j'ai vu par hasard deux femmes charmantes, et du même coup j'ai pensé à vous et à moi. Voulez-vous tenter l'aventure?

— Comment, mais de tout mon cœur.

— Eh bien, disposez pour cette nuit une échelle de corde, je passerai vers onze heures pour vous emmener.

— Une escalade, s'écria Champignolles, je suis charmé d'être de la partie.

Le soir, comme il l'avait dit, la Châtaigneraye prit au passage Champignolles, qui avait à la main une belle et bonne échelle de corde.

— C'est bien tombé, dit le marquis d'un air distrait, que la chambre de Rosine soit inhabitée. Elle va nous servir merveilleusement de point de départ. C'est là que nous disposerons toutes nos batteries. En attendant l'heure propice, nous y boirons gaiement une ou deux bouteilles de vin d'Espagne.

— C'est une bonne idée, dit Champignolles. Bacchus ne nuit jamais à l'Amour.

Arrivés rue Sainte-Marie, ils ordonnèrent au premier cabaretier venu de leur porter du vin dans la chambre de Rosine. Ils y montèrent et y allumèrent du feu, quoiqu'on fût en pleine saison d'été. Champignolles parlait et s'agitait beaucoup pour se donner un air fanfaron, quoiqu'il fût passablement effrayé, selon sa coutume, du rôle qu'il allait jouer.

— J'ai beau me casser la tête, mon cher marquis, je ne devine pas où vous en voulez venir.

— Nous n'y sommes pas. Patience, patience, contentez-vous d'espérer et de boire. Savez-vous que ce vin n'est pas mauvais. En vérité, je regrette bien que Rosine ne soit pas là pour nous servir.

— Ce serait Hébé, ni plus ni moins. Si elle allait revenir! Voyez son lit, n'a-t-il pas l'air de l'attendre? A vous parler franc, je l'avais oubliée, mais voilà que je redeviens amoureux d'elle. Où diable est-elle allée? J'aurais bien mieux fait de la laisser ici, elle ne m'aurait point échappé comme un oiseau; mais vous êtes toujours pour les enlèvements, vous enlèveriez le diable lui-même!

— Ma foi, c'est ma politique, dit la Châtaigneraye. Voyez-vous, chevalier, une femme qu'on a enlevée se ferait couper en quatre pour vous.

La Châtaigneraye allait de temps en temps regarder par la fenêtre. Le ciel était sombre; un vent d'ouest chassait d'épais nuages; la lune, qui venait de se lever, montrait à peine par intervalle sa corne argentée. Le marquis voyait avec joie un sillon de lumière aux contrevents de la chambre de madame de Nestaing.

— Elle m'attend, disait-il tout bas, ou bien elle me craint et elle n'ose s'endormir.

Un peu avant minuit et demi il dit au chevalier qu'il était l'heure d'entrer en campagne.

— Plus j'y pense, poursuivit-il, plus je crois que pour cette nuit vous devez rester au camp. J'affronterai seul le péril, j'irai en éclaireur jusqu'aux portes de l'ennemi ; je veux vous épargner tous ces préliminaires ennuyeux. Vous allez déployer l'échelle le long du mur ; je descendrai dans le jardin, vous vous tiendrez coi jusqu'à mon retour. Si je le juge favorable, vous descendrez aussi.

— Et qui donc tiendra l'échelle, dit naïvement Champignolles.

— En effet, je n'y avais pas pensé ; mais que ceci ne vous inquiète pas, vidons nos verres et bon voyage.

Champignolles jeta un bout de l'échelle dans le jardin, retint l'autre bout d'une main ferme, et recommanda au marquis de ne pas se faire trop attendre.

— Ne vous impatientez pas, je n'ai qu'un mot à dire pour vous et pour moi. Que je sois écouté ou non, il n'y en a pas pour bien longtemps. D'ailleurs, l'amour fait beaucoup de chemin la nuit; c'est un adage de Bassompierre.

Disant ces mots, le marquis descendit à la fenêtre en homme habitué à suivre de pareilles routes.

— Sur ma foi, dit le chevalier, il semblerait que vous marchez sur la terre ferme.

On attendait la Châtaigneraye.

C'était dans une chambre haute et vaste, dans le goût du temps. Au-dessus d'une cheminée de marbre gris sculptée par Coustou, on se voyait dans une grande glace encadrée par des guirlandes de roses peintes. Sur la cheminée, une jardinière en bois de rose répandait un parfum de fleurs fraîchement cueillies; de chaque côté, sur les guirlandes du cadre, des candelabres portés par des Amours répandaient la pâle clarté des cierges. En face de la cheminée, un lit à ciel orné de plumes d'autruche, d'où tombaient des cascades de damas rose, se réfléchissait dans la glace. Entre les deux fenêtres cintrées garnies de lambrequins, on voyait une toilette tendue de mousseline blanche ornée des plus fines dentelles; cette toilette, surmontée d'un miroir ovale que couronnait une colombe battant des ailes, eût été surnommée par Dorat l'autel de la beauté. Sur une table en marqueterie, une aiguière d'un travail précieux trempait dans un bassin d'argent. Deux fauteuils en satin blanc brodé à la main étaient à demi cachés sous les fourrures que la vicomtesse venait de quitter.

Sur les lambris gris de perle et or, quelques médaillons, peints à la manière de Watteau, étaient suspendus par des nœuds de rubans. Les rosaces d'un tapis de Turquie épanouissaient leurs brillantes couleurs sous les pieds mignons de madame de Nestaing.

XV

Quand minuit sonna, la vicomtesse laissa tomber le livre qu'elle tenait ouvert depuis une heure à la même page.

— Minuit ! dit-elle en tremblant.

Elle se leva et se promena avec une agitation soudaine.

— S'il allait venir, reprit-elle. — Quelle folie ! Est-ce qu'il oserait jamais.

La curiosité entraîna madame de Nestaing vers la fenêtre du jardin.

—Non, non ; il ne viendra pas. — D'ailleurs, je ne dois pas aller à cette fenêtre. Je veux oublier ses desseins extravagants. —Marton, êtes-vous là?

La vicomtesse agita avec violence une petite sonnette de cristal. Marton ne se fit pas attendre : elle ouvrit tout essoufflée, un peu surprise de l'impatience de sa maîtresse.

—Marton, déshabille-moi.

La fille de chambre commença par la chevelure ; elle ôta le bandeau de perles qui ajoutait tant de charmes aux cheveux noirs de madame de Nestaing.

— Ne touchez pas à mes boucles, dit la vicomtesse par pressentiment.

Marton délaça le gracieux corsage de satin bleu à ramages.

— Mais, Marton, nous n'en finissons pas

ce soir ; voyons donc, mon peignoir de soie blanche.

Marton apporta un peignoir de soie blanche parsemée de roses dessinées par un filet d'argent et peintes avec les couleurs les plus éblouissantes.

— Allez, Marton, vous pouvez vous coucher.

Tout en renvoyant Marton, madame de Nestaing glissa coquettement à ses jolis pieds des mules de satin garnies de rubans. Dans ce galant négligé, elle jeta dans la glace un regard triste et inquiet. Elle n'avait jamais été plus jolie que ce soir-là. Aussi elle prit plaisir à se voir ; elle se mira à son insu durant quelques minutes.

Mille rêves confus passaient dans son esprit. Elle aimait la Châtaigneraye sans se l'avouer encore ; tout en ne voulant pas croire qu'il viendrait à ce rendez-vous téméraire, elle espérait vaguement voir le marquis. Le danger, surtout en amour, a des fascinations terribles : il nous éblouit ou nous aveugle. Madame de Nestaing trouvait un charme secret jusque dans ses angoisses. A coup sûr, elle ne voulait pas que la Châtaigneraye vînt au rendez-vous ; elle priait Dieu dans son cœur pour ne point le voir ce soir-là. Cependant s'il ne vient pas, la vicomtesse ne s'en plaindra-t-elle point tout bas? Tous les philosophes l'ont dit, le cœur est un roman plein de contradictions.

Pour la première fois de sa vie, madame de Nestaing eut peur de la solitude et du silence; elle n'osait écouter, elle n'osait faire un pas ; à chaque instant elle s'imaginait que le marquis allait apparaître sous les rideaux du lit ou des fenêtres.

Quoiqu'on fût aux plus belles nuits d'été, la soirée était fraîche. La vicomtesse ne tarda pas à sentir un frisson ; elle tint conseil avec elle-même. Tout inquiète, elle alla droit à la fenêtre tout en jetant un regard furtif sur la pendule : minuit et demi allait sonner. C'était, on s'en souvient, et elle ne l'avait pas oublié, l'heure solennelle annoncée par le marquis.

— Quelle folie ! dit-elle encore ; si j'allais ouvrir la fenêtre et qu'il fût dans le jardin ! Non, non, je ne veux pas ouvrir quand même il serait là. Je ne dois pas ouvrir.

La demie sonna. Le coup retentit dans son cœur.

— Non, je n'ouvrirai pas.

Tout en disant ces mots elle ouvrit la fenêtre, peut-être sans savoir ce qu'elle faisait. Ne l'auriez-vous pas ouverte, madame, si vous aviez aimé sous la Régence ?

Vous comprenez que la Châtaigneraye, qui se tenait en silence depuis un quart d'heure sur la balustrade, se précipita pâle d'amour et de crainte aux pieds de la vicomtesse.

Madame de Nestaing, il faut lui rendre justice, eût crié si elle n'avait eu peur d'éveiller sa mère. Elle fut effrayée de l'audace du marquis; elle lui ordonna de partir sur-le-champ; mais la Châtaigneraye était si beau à ses pieds, il suppliait avec tant de passion qu'elle finit par temporiser un peu.

— De grâce, monsieur de Riantz, si vous voulez que je pardonne à tant d'orgueil, à tant de témérité, partez, partez!

— Madame, je vous aime!

— Si vous m'aimiez vous ne seriez pas venu ainsi.

— Madame, je serais allé au bout du monde pour vous baiser les pieds.

Tout en disant ces mots, la Châtaigneraye appuyait ses lèvres égarées sur les mules de satin de la vicomtesse.

— Vous êtes un fou. Mais comment êtes-vous donc venu ?

— Par un chemin semé de roses, madame, j'ai traversé le jardin.

— Vous avez donc escaladé les murs?

— C'est si simple; dans l'espérance de vous voir j'aurais escaladé le ciel.

La vicomtesse, qui voulait être impitoyable, ne trouvait rien de bien dur à dire au marquis. Elle perdait la tête, elle croyait rêver. Elle priait, elle suppliait, mais le marquis priait, suppliait à son tour. Il y avait dans ses yeux tant de vraie passion, dans sa voix tant de profonde tendresse, que la pauvre femme était étourdie par son éloquence.

Je ne redirai pas mot à mot tout leur charmant babil. Si vous avez aimé, vous savez tout ce qu'il a dit et tout ce qu'elle a entendu; si vous n'avez pas aimé, — pardonnez-moi cette injure, — vous ne comprendriez pas.

Le marquis de la Châtaigneraye n'était pas au bout de son éloquence lorsque madame de Nestaing le supplia de partir.

— Je veux bien partir, madame, mais je reviendrai.

— Partez, partez.

Il remit son épée, prit son feutre, baisa la main de sa charmante maîtresse, passa sur la fenêtre et se disposa à sauter dans le jardin.

— Encore un baiser.

Et, le baiser pris, la Châtaigneraye se suspendit à la balustrade et se laissa tomber. Il tomba en homme bien appris, sur ses pieds.

Il salua avec la meilleure grâce du monde.

— Adieu!

— Adieu!

La vicomtesse ferma la fenêtre et tomba agenouillée.

—Ma mère, mon Dieu et Vous, Vous qui êtes mort, pardonnez-moi.

Elle se jeta toute tremblante sur son lit, se cacha le front sur son oreiller et jura de ne plus revoir le marquis de Riantz.

XVI

Cependant la Châtaigneraye alla droit à l'échelle de corde, mais en arrivant sous la lucarne de Rosine quelle fut son indignation de voir l'échelle de corde tombée sur la platebande. Il appela Champignolles. Le chevalier ne répondit pas.

— Est-ce qu'il s'est enfin vengé? se demanda le marquis. Ce drôle est bien impertinent.

Il appela encore, il jeta des pierres, il était furieux, quand enfin Champignolles se pencha à la fenêtre.

— Eh bien! cria-t-il d'une voix endormie, est-il temps que je descende?

— Palsambleu! cria la Châtaigneraye, me voilà bien loti ; tu as lâché l'échelle. Comment veux-tu que je remonte à présent?

— Ah diable! je croyais la tenir encore. Ma foi, je m'ennuyais, je me suis endormi. J'en suis fâché ; mais tu as été trop longtemps en route.

— Je reconnais bien ton caractère d'étourdi ; comment veux-tu que je me tire de là? Si un valet s'éveillait à l'hôtel, il me fusillerait comme un voleur.

— Mon pauvre ami, je suis désolé. Je vais courir à la plus prochaine boutique ; il faudra bien qu'on se lève à ma voix ; j'achèterai une corde, j'y ferai des nœuds et tu seras sauvé.

—Dépêche-toi ; je vais me promener en t'attendant.

Champignolles se hâta de descendre; la Châtaigneraye se promena sous la grande allée en poursuivant de ses rêves les charmants souvenirs de sa gracieuse aventure. Il vint à penser que Champignolles était bien capable d'être le reste de la nuit à trouver une corde ; ce serait attendre un peu longtemps. S'il allait frapper doucement à la fenêtre de la vicomtesse, s'il lui contait son embarras, qui sait si elle n'aurait pas la charité de le recevoir sous son toit durant l'attente. Il retourna à la fenêtre enchantée et frappa à la vitre.

Madame de Nestaing, qui ne dormait pas, vint à la fenêtre. Elle reconnut la voix de son amant. Elle avait juré de ne plus le revoir, mais son serment était en dehors de cette nuit-là. Elle avait ouvert à minuit et demi, comment ne pas rouvrir à deux heures, quand on a écouté sans se fâcher les adorables divagations d'un amant qui passe par la fenêtre. Elle ouvrit donc.

Le marquis raconta sa mésaventure. Tout effrayée qu'elle fût des suites de cette équipée, madame de Nestaing le plaignit et n'osa lui dire de s'en aller. Ils renouèrent le fil charmant de leur babil. Que de reproches tendres et doux! que de serments pour l'éternité!

A un certain moment, le dernier cierge s'éteignit.

— Comment faire? dit madame de Nestaing en tremblant; je ne puis pourtant pas appeler Marton.

— Je suis désolé de ne plus voir vos beaux yeux me foudroyer ou me sourire; mais n'ai-je pas la joie d'entendre votre voix qui me va droit au cœur?

Vers sept heures, madame de Nestaing s'éveilla après mille rêves confus. En voyant la Châtaigneraye si près d'elle et si négligemment étendu dans un fauteuil, elle s'imagina rêver encore.

Mais bientôt tout ce qui s'était passé la nuit lui revint à la mémoire. Comment vous peindre son effroi : le grand jour la surprenait dans sa faiblesse.

Elle alla à la fenêtre, revint sur ses pas, se regarda dans son miroir, sans savoir ce qu'elle faisait.

Elle voulut éveiller le marquis. Comment l'éveiller? C'est une action des plus graves que d'éveiller un amant qui s'est prosaïquement endormi dans votre chambre. Lui parlera-t-elle? Si on l'entendait ! sa mère se lève de bonne heure. Le touchera-t-elle du bout de la main? elle n'ose. Malgré son trouble de plus en plus violent, elle ne pouvait s'empêcher de regarder avec un certain plaisir secret la belle figure de son amant.

A la fin il eut le bon esprit de s'éveiller tout seul.

— Quoi! monsieur, lui dit-elle toute désespérée.

Le marquis se jeta à ses pieds.

— Madame...

— Je sais bien que vous allez m'attendrir encore; pourtant, si on vous voit ici, ne suis-je pas une femme perdue?

Ils tinrent conseil; ils jugèrent qu'il n'était plus l'heure de partir par la fenêtre; il y avait d'ailleurs un jardinier dans le parc depuis le point du jour.

— Ecoutez, dit tout à coup la vicomtesse, ma mère va presque toujours à la messe de huit heures. Elle emmène deux domestiques; Marton demeurera avec moi, mais je parviendrai bien à l'éloigner pour un instant. Vous partirez par la porte.

— Rien de plus simple.

— Mais vous ne reviendrez plus?

La vicomtesse demandait-elle cela de bonne foi? S'il eût répondu *jamais*, je crois qu'elle en eût été désolée. Il répondit *toujours* sans qu'elle s'en offensât.

Comme elle l'avait prévu, madame de Grandclos se disposait pour aller à la messe. La vicomtesse entendit bientôt les pas de Marton qui venait lui demander si elle voulait accompagner madame de Grandclos.

— Vite! jetez-vous dans la ruelle! dit madame de Nestaing au marquis.

En homme habitué à ces surprises, il n'oublia ni son épée ni son feutre.

— Non, Marton, je n'irai pas; revenez me parler dès que ma mère sera partie.

Marton reparut au bout d'un quart d'heure.

— Marton, vous allez descendre au jardin pour me cueillir des violettes.

— Mais madame la vicomtesse sait aussi bien que moi qu'il n'y a plus de violettes depuis longtemps.

— Vous ne savez ce que vous dites ; allez et prenez tout le temps de chercher.

Marton sortit sans répliquer ; elle était accoutumée aux fantaisies de sa maîtresse. Comme elle traversait le vestibule, on sonna à la porte d'entrée ; elle alla ouvrir, croyant que madame de Grandclos avait oublié son missel. Elle fut très surprise de voir entrer la jolie baronne de Montbel.

— Eh mon Dieu ! madame la baronne est éveillée de bien grand matin.

— Edmée est visible ?

— Madame la baronne sait bien que pour elle ma maîtresse est toujours visible.

— Annoncez-moi.

Marton revint à la chambre à coucher de madame de Nestaing au moment où le marquis faisait tendrement ses adieux. Elle ouvrit la porte. Madame de Nestaing se jeta de ce côté avec une pâleur soudaine ; la Châtaigneraye eut le temps de se cacher encore dans la ruelle.

— Qu'y a-t-il, Marton ?

La baronne de Montbel, qui suivait Marton, passa sur le seuil de la porte entr'ouverte.

— Ah ! te voilà, Zulmé ! Pourquoi viens-tu donc si matin ?

— Pour te voir, toute belle. D'ailleurs, n'est-il pas du bel air de faire des visites matinales ? Tu ne sais donc pas que toutes les femmes à la mode ont jusqu'à midi leur ruelle pleine d'adorateurs qui font de la gazette et du madrigal ?

Au mot de ruelle, madame de Nestaing devint pâle comme la mort.

— Je croyais, dit-elle à sa cousine, que tu avais passé la nuit aux fêtes, selon ta coutume.

— Ne me parle pas de cela; je suis offensée au plus haut point; je ne fais pas de façons pour te conter mes joies et mes peines. Je devais rencontrer cette nuit chez la duchesse du Maine le marquis de la Châtaigneraye...

— Oh! oh! je l'avais oublié, se dit le marquis, très étonné de voir ou plutôt d'entendre la baronne de Montbel chez madame de Nestaing.

— Et tu ne l'as pas rencontré? demanda la vicomtesse à sa cousine.

— Il n'y a point paru, et moi je n'y suis allée que pour lui seul.

— L'ingrat! Je t'avais bien dit que ce monsieur de la Châtaigneraye était un homme indigne d'être aimé. Il n'a rien tant à cœur que de se jouer de la bonne foi d'une femme : c'est toi-même qui me l'as dit.

— Eh bien, quand tant d'autres avaient soupiré en vain, celui-là m'avait attendrie.

— A merveille, pensa la Châtaigneraye qui prenait patience; cette confession est bonne à enregistrer.

— Comprends-tu qu'il ne soit pas allé à ce bal? poursuivit la jolie baronne en agitant ses lèvres méchantes.

— Si nous descendions au jardin, lui dit la vicomtesse d'un air très engageant.

— Il y a bien de la rosée à cette heure.

— Est-ce qu'il y a de la rosée sur le sable des allées.

— Je ne suis guère pastorale; d'ailleurs, l'impatience m'a tant fatiguée!

— Raison de plus pour respirer un air pur.

— Tout à l'heure. Que voulais-je donc te dire? Dois-je briser avec le marquis?

— Est-ce qu'en amour on suit jamais les conseils?

— J'ai la tête perdue ; parle-moi, je t'écouterai.

— Que puis-je te dire, moi, qui suis une vraie provinciale en amour? Si tu aimes le marquis de la Châtaigneraye, pardonne-lui. Qui sait? il est peut-être malade.

— Malade! hélas! non, chère belle. Tu ne comprends donc pas : puisqu'il n'était pas à ce bal, c'est qu'il était ailleurs ; tu ne comprends donc pas que c'est la jalousie qui me désespère!

La baronne agitait ses jolies mains avec le plus gracieux dépit du monde.

Cependant la Châtaigneraye était loin d'être à son aise ; agenouillé à l'étroit entre le lit et la boiserie, il n'avait guère que la consolation de baiser un beau couvre-pied de satin blanc à rosaces bleues ayant couvert les jolis pieds mignons de la vicomtesse. Tantôt appuyé sur un genou, tantôt appuyé sur l'autre, il attendait avec une patience vraiment miraculeuse que sa maîtresse du lendemain eût fini de se plaindre de lui à sa maîtresse du jour.

Madame de Nestaing était mille fois plus inquiète que lui, quoiqu'il fût inquiet pour elle. Elle écoutait à peine les phrases coupées de sa cousine; elle jetait à chaque instant un regard suppliant vers le jardin, sa seule porte de salut. — Elle tremblait sans cesse d'entendre du bruit vers la ruelle; en un mot, elle était dans l'enfer de l'amour.

La jolie baronne ne se fût jamais doutée que sa cousine eût à pareille heure un marquis dans sa ruelle; elle ne l'eût pas même crue sur parole, tant elle était édifiée sur le compte de madame de Nestaing. Aussi elle s'abandonnait à tout son dépit avec une verve qui amusait beaucoup la Châtaigneraye.

— Il saura comment je sais me venger d'une pareille offense. Je me suis habillée pour lui;

robe de satin à fleurs d'or et d'argent, bouquet de diamants et de roses blanches, manchettes merveilleuses achetées tout exprès l'avant-veille. Et quelle coiffure! Ah! monsieur le marquis, on se fera belle de tous ses attraits et vous ne viendrez pas!

— Ce qui doit te consoler un peu, ma chère Zulmé, c'est qu'après tout on commence par se faire belle pour soi-même, surtout quand on s'appelle madame la baronne de Montbel.

— Ne m'irrite pas. Je ne sais, en vérité, ce qui m'empêche de m'évanouir. As-tu des sels?

Madame de Montbel parlait de bonne foi; elle devenait pâle, elle chancelait, elle se laissait aller sur un bras du fauteuil.

— Voilà qui se complique, pensa la Châtaigneraye, en changeant de point d'appui; si la baronne continue à être en colère, il faudra la porter sur ce lit.

— Et ma mère qui va revenir de la messe, pensa madame de Nestaing.

Elle prit une résolution : elle secoua son amie, lui saisit les bras, et, bon gré, mal gré, l'emmena hors de la chambre en lui disant :

— Allons, Zulmé, le grand air du jardin vaut mieux que des sels.

La Châtaigneraye comprit qu'il n'avait pas de temps à perdre pour partir sans rencontrer personne; il se leva, mit dans la basque de son habit une jolie mule de soie blanche qu'il avait rencontrée dans sa prison, et sortit sur la pointe du pied, priant Dieu de retenir quelques minutes encore madame de Grandclos à la messe. Il ne rencontra pour tout obstacle que le vieux Bélisaire jouant de la flûte à la porte.

Il alla droit à la chambre de Rosine. Il y trouva Champignolles sommeillant avec inquiétude.

— Tout est perdu, dit-il en l'éveillant. La

plus belle aventure du monde gâtée par ta faute; on ne s'endort que quand la bataille est gagnée. J'ai passé là un bien mauvais quart d'heure.

— Et moi donc, dit le chevalier, songe que j'ai tenu cette corde toute la nuit.

— Voyons, nous n'avons plus rien de bon à faire ici. Allons ailleurs.

— Où allons-nous, demanda Champignolles en descendant l'escalier.

— Moi, répondit la Châtaigneraye, je suis attendu chez la baronne de Montbel; j'y vais de ce pas. — Toi, va-t'en au diable, — ou plutôt va-t'en dormir.

Champignolles ne savait pas à quelle heure du jour ou de la nuit il en était.

— Avant d'aller dormir, je voudrais bien souper un peu ; je meurs de faim.

— C'est vrai, je te pardonne, allons déjeuner. La baronne attendra.

XVII

Ils allèrent déjeuner au cabaret du célèbre Berthould, dans la rue du Temple. Ils déjeunèrent gaiement, en hommes qui ont passé la nuit plus ou moins éveillés. Au sortir du cabaret, le marquis rencontra devant la maison d'un bouquiniste notre ami Franjolé qui secouait la poussière de quelque vieux livre.

— Eh bonjour, maître Franjolé. Il y a bien longtemps que nous n'avons joué du violon. Que faites-vous donc là si matin ?

— Vous le voyez, je secoue de la poussière.

— La poussière de la science ; c'est là une mauvaise poussière. N'avez-vous donc pas assez de livres ?

— C'est précisément parce que j'en ai trop que j'en cherche ici. Hier, après avoir passé toute l'après-midi à bâtir solidement mon sentier, j'ai voulu lire Montaigne.

— Vous en avez trois éditions.

— Quatre, peut-être ; mais le moyen d'en trouver une sans bouleverser ma bibliothèque ?

— Je comprends ; vous craignez de perdre trop de temps.

Une vieille figure sillonnée de rides profondes, encadrée dans un capuchon de chantre d'église, apparut à la vitre fort à propos : c'était le bouquiniste.

— Qui est-ce qui parle de Montaigne? demanda-t-il d'une voix cassée.

— C'est moi, répondit Franjolé. N'avez-vous pas l'édition in-quarto, recouverte en parchemin?

— Oui, la voilà à très bon compte, rien qu'un écu de six livres.

— Quelle trouvaille ! s'écria Franjolé en payant sans marchander. Ce qui me chagrine, poursuivit-il en feuilletant le livre, c'est que ce volume ferait une majestueuse encoignure à mon sentier, mais j'y prendrai garde.

— Et la main blanche, Franjolé? demanda d'un certain air de contentement le marquis de la Châtaigneraye.

— La main reparaît, répondit tristement Franjolé ; mais j'ai bien peur de quitter bientôt ma chambre. Vous savez que je suis mort?

— Je l'avais oublié.

— La femme du menuisier a peur des revenants; elle a supplié le bonhomme de me mettre à la porte, surtout depuis qu'elle est enceinte.

— Une idée, Franjolé! Voulez-vous habiter ma petite maison du Marais? Pour prix du loyer je ne vous demanderai qu'un air de violon par mois.

Franjolé parut réfléchir.

— Que risquez-vous? Vous serez seul, comme il convient à un mort. Je crois même que vous y trouverez des livres. Je me souviens d'y avoir vu quelques volumes dépareillés du *Mercure galant,* en outre, il y a quelques livres de fonds, comme *la Clef des Songes* et *la Clef des Enigmes.*

— C'est bien engageant, dit Franjolé.

— Le plus souvent, vous vivrez dans le parc, qui est bien planté et bien fleuri. Vous aurez toute liberté, même celle de transformer le salon en herbier.

— J'y vais de ce pas.

Le joueur de violon avait levé la tête d'un air décidé.

— Mais vous ne pouvez pas vous y installer ainsi.

— N'ai-je pas Montaigne avec moi? Demain, j'irai chercher mon violon à onze heures du matin.

— Oui, j'oubliais; vous serez à l'heure de l'aumône dont vous avez votre bonne part. Ah! la main blanche! la main blanche!

XVIII

Je ne veux pas suivre le marquis de la Châtaigneraye chez la baronne de Montbel. S'il profana le souvenir palpitant de madame de Nestaing, je ne le sais pas ; vous ne voulez pas le savoir, vous qui croyez, vous qui voulez croire à la sainteté radieuse de l'amour. J'aime mieux passer à un autre chapitre.

En ce temps-là vivait à Paris, loin du bruit et des fêtes, dans le silence de l'étude, dans l'amour de la statuaire, un jeune gentilhomme pauvre et fier, doux et triste, aimé de ses amis et aimant ses amis. — En ce temps-là, comme aujourd'hui, cela n'était pas si commun. — Ce gentilhomme s'appelait Hector de Riantz. Il avait perdu son père à la bataille de Malplaquet. De longs procès de famille avaient réduit sa mère à vendre un joli domaine qu'ils possédaient près de Rouen. Il ne leur restait qu'une fortune bien mince, mais ils savaient vivre de peu. Hector d'ailleurs espérait épouser une cousine qui l'aimait et qui était riche. En attendant ce mariage, retardé par des divisions de famille, Hector se trouvait heureux comme le sont toutes les généreuses natures qui ne demandent à Dieu et aux hommes qu'un peu de place au soleil.

Par un jeu cruel de la destinée, sa cousine

vint à rencontrer dans le monde la baronne de Montbel.

— Quelle est donc cette jolie bergeronnette si triste là-bas sur le sofa? demanda la baronne à madame de Chastellux.

— C'est mademoiselle de Grandvilliers, qui s'ennuie parce que son beau cousin n'est pas là.

— Quel est donc ce beau cousin?

— Vous ne savez donc pas l'histoire de cette famille, qui se ruine pour une petite seigneurie d'un mauvais rapport. La branche aînée possède, mais la branche cadette veut posséder : la raison du plus fort est toujours la meilleure. Cependant le procès, qui date de 1671, n'est pas encore fini; les juges ont faim, comme dit le proverbe.

— C'est l'histoire des Capulet. Cette jolie Juliette me touche. Comment est donc son Roméo?

— M. de Riantz est charmant.

— M. de Riantz ?

La baronne éclata de rire. C'était d'ailleurs la première fois de la soirée qu'elle montrait ses dents.

— Pourquoi riez-vous donc si joliment ?

— Pauvre Juliette ! son Roméo n'est pas digne de ses chagrins.

— J'ai vu M. de Riantz. Je vous jure que je le crois de bonne foi dans sa passion pour sa cousine. Pourquoi ne l'aimerait-il pas ? La seule raison pour lui contre cet amour c'est qu'il est pauvre et que sa cousine est riche ; car c'est un grand caractère.

— Je veux bien qu'il soit amoureux de sa cousine, mais, en attendant l'hyménée, il poursuit vaillamment d'autres conquêtes.

— Le croyez-vous ?

— Il y a un certain hôtel au Marais où il va avec bien du plaisir.

— La pauvre enfant! Voyez? ne dirait-on pas qu'elle pressent...

— Ce n'est pas un vain pressentiment, car ce soir si M. de Riantz n'est pas avec elle, c'est qu'il est...

— Alors, il n'y a plus un galant homme au monde.

— Que voulez-vous? la rivale de mademoiselle de Grandvilliers est digne d'une vraie passion. L'amour est le dieu des surprises et des inconséquences. M. de Riantz a aimé sans le vouloir, peut-être. Le mariage viendra; tout sera oublié, ou, ce qui vaut mieux, on n'aura pas cessé de croire à sa fidélité, car c'est un secret que je viens de vous confier.

— Je l'entends ainsi.

En effet, ce secret fut gardé près d'une heure. Mais, avant la fin de la soirée, une amie officieuse avait averti mademoiselle de Grandvilliers que M. de Riantz était le plus volage des amants. Vous comprenez comment la supercherie de la Châtaigneraye fut dévoilée.

XIX

Un matin de très bonne heure, le marquis fut réveillé par son valet de chambre pour répondre à un étranger qui ne voulait pas attendre et qui ne voulait pas revenir.

La Châtaigneraye dit à Jasmin d'aller se promener. Mais Jasmin tint bon disant que l'étranger n'avait pas la mine d'un homme qui fait antichambre.

— Je comprends ; c'est un duel, pensa le

marquis. A qui donc ai-je encore pris la maîtresse? Est-ce que madame de Montbel avait un amant? Jasmin, fais entrer. — Comment s'appelle cet inconnu?

— Il n'a pas voulu me dire son nom, voulant avoir le plaisir de vous l'apprendre lui-même.

Jasmin sortit. Bientôt un jeune homme apparut à la porte de la chambre à coucher du marquis. Il était triste et fier, grave et digne ; il s'avança lentement vers le lit.

— Que voulez-vous, monsieur? dit la Châtaigneraye, en se soulevant sur l'oreiller d'un air impatient.

— Une réparation, répondit le jeune homme d'une voix brève.

— Daignez me donner le temps de m'habiller ; mais qui êtes-vous?

Le jeune homme sourit avec amertume ; il répondit avec un accent de colère :

— Vous connaissez mon nom si vous ne me connaissez pas.

— Tout ceci a bien l'air d'une énigme ; mais qu'importe ? le nom ne fait rien à l'affaire. Veuillez m'exposer vos griefs.

— Pour exposer mes griefs, je n'ai qu'un mot à vous dire : je m'appelle M. de Riantz.

La Châtaigneraye ne s'attendait pas à cette mésaventure ; il aurait pu se défendre, il ne le voulut pas.

— Je comprends, monsieur, dit-il en sonnant Jasmin.

Le valet, qui écoutait à la porte, survint d'un air distrait.

— Jasmin, habille-moi lestement.

Et se tournant vers Hector de Riantz :

— Comment voulez-vous vous battre ?

— Vous le voyez bien, monsieur, je porte une épée.

— Si vous n'avez pas de prédilection pour

Vincennes ou Boulogne, je puis vous offrir un lieu sûr et paisible : j'ai un parc dans le Marais. — Vos témoins sont-ils là? — Jasmin, tu iras avertir Champignolles. — Si nous allons au Marais, j'y trouverai un second témoin.

Hector de Riantz avait répondu par deux signes affirmatifs.

— Me voilà habillé; nous allons partir. — Jasmin, recommande bien au chevalier de ne pas nous faire attendre. — Si la baronne vient, tu lui diras...

La Châtaigneraye regarda l'épée de Riantz en homme qui interroge la destinée.

— Tu ne lui diras rien.

Le marquis souleva la portière; Hector de Riantz passa; les témoins du jeune homme se promenaient de long en large dans la rue.

— Faut-il prendre un fiacre? dit l'un d'eux.

— Messieurs, dit le marquis de l'air du

monde le plus engageant, voulez-vous que je demande mon carrosse.

On résolut d'aller à pied.

— Les gens qui vont se battre devraient toujours aller à pied, dit l'un des témoins.

La conversation s'engagea. On commença à parler duel, on finit par parler opéra. Hector seul demeurait silencieux; il poursuivait de ses rêves l'image adorée de mademoiselle de Grandvilliers.

On arriva bientôt à la petite maison du Marais. Le marquis alla éveiller Franjolé.

— Mon ami Franjolé, vous êtes un gentilhomme par votre violon et votre science, vous pouvez me servir de témoin dans un duel.

—Pourquoi ce duel?

— Parce qu'en prenant un pseudonyme pour un exploit amoureux, je suis tombé tout juste dans le nom d'un gentilhomme qui ne veut pas signer mes œuvres.

— Le cas est mauvais ; mais il n'y a pas là de quoi se couper la gorge. Du reste, c'est votre affaire ; s'il le faut même, tout mort que je sois, je vous servirai de second. Je n'ai pas tout à fait oublié les jeux de l'épée.

En disant ces mots Franjolé s'était habillé. Il suivit la Châtaigneraye dans le parc où l'adversaire et ses témoins se promenaient gravement.

— Messieurs, dit le marquis, j'attends un second témoin, mais si vous voulez passer aux préliminaires...

— A l'instant même, s'écria Hector de Riantz.

Le joueur de violon s'approcha de lui.

— Vous êtes l'offensé, lui dit-il doucement ; M. le marquis de la Châtaigneraye est tout prêt à vous rendre raison de l'offense. Vous allez vous battre, mais n'avez-vous rien de mieux à faire? Prenez garde, le soleil est beau ce matin. N'y a-t-il donc pas sous le soleil quelque douce et belle créature qui pense à vous à cette heure.

— Avant de discuter, je veux me battre, dit le jeune homme avec impatience.

— Coyez-en un homme qui a été tué en duel.

— Monsieur ! vous prenez mal votre temps pour vous moquer de moi.

— Regardez-moi ; je vous parle avec gravité.

Riantz leva un regard distrait ; il fut frappé de la pâleur mortelle de Franjolé, de sa tristesse étrange, de l'accent sombre de sa voix.

— Votre honneur n'est pas dangereusement atteint, poursuivit-il ; M. de la Châtaigneraye a pris votre nom pour séduire une belle femme. — A propos, est-elle jolie ?

Franjolé se tourna vers le marquis de la Châtaigneraye.

— La dame en question est-elle jolie?

— Elle est belle, répondit froidement le marquis.

— Donc M. de la Châtaigneraye a pris votre nom pour séduire une belle femme. Où est le mal? La dame ne vous accuse pas de l'avoir séduite; car ce n'est pas vous ni votre nom qui est coupable de ce beau fait. Vous avez trop d'esprit pour ne pas comprendre qu'en amour le nom n'y fait rien.

— Vous avez raison, répondit Riantz; mais c'est mon épée qui veut avoir raison.

Disant ces mots, le jeune homme dégaîna.

— Mesurez les épées, ajouta-t-il.

A cet instant, le chevalier accourut tout essoufflé. En deux mots, on le mit au courant de l'affaire.

— Eh! mon ami, dit-il à la Châtaigneraye en caressant sa moustache, que n'avez-vous pris mon nom pour séduire la dame?

— On ne pense pas à tout, dit le marquis.

On donna le signal : la Châtaigneraye résolut de ne se battre qu'à *son corps défendant* ; Riantz attaqua violemment; il donna quelques coups de maître que le marquis ne détourna qu'avec peine; par malheur la mort le fascinait et l'égarait; il se jeta pour ainsi dire sur l'épée de son adversaire; il fut atteint au cœur; la Châtaigneraye n'eut qu'une égratignure dans le côté.

Franjolé, qui n'était ni pour ni contre, avait vu avec une vraie douleur les combattants entrer en lice. Il semblait que ce fatal duel lui rappelait un triste souvenir tant il était pâle et défaillant. Il fut le premier à secourir le pauvre Hector de Riantz.

—Vous aviez raison, lui dit le jeune homme d'une voix étouffée.

Tous les secours furent inutiles; il expira dans le parc sans ajouter un seul mot.

La Châtaigneraye désolé brisa son épée avec fureur.

— Mon pauvre Franjolé, dit-il avec agitation, je vais m'enfermer ici pour longtemps; je ne veux plus voir le monde; je veux porter le deuil de ce pauvre gentilhomme dont j'ai pris le nom et la vie.

Franjolé tendit silencieusement la main à la Châtaigneraye.

Vers midi et demi, la baronne de Montbel, qui attendait le marquis de la Châtaigneraye pour une promenade, reçut ce billet des mains du chevalier de Champignolles :

« Chère baronne,

« Ne m'attendez pas, je me suis réveillé ce matin pour un duel. Un pauvre garçon qui s'appelait M. de Riantz a voulu à toutes forces se battre avec moi. Malgré moi je l'ai atteint au cœur. Je suis désolé, ce coup fatal m'a frappé moi-même. Je suis résolu à ne plus aller dans le monde avant quelque temps. Je veux vivre seul. Je me sépare violemment de tous mes amis, hormis un seul : le joueur de violon ; mais celui-là n'est plus de ce monde. Quoiqu'il m'en coûte, je ne veux pas qu'aucun sentiment de plaisir vienne troubler mon deuil. Vous comprenez, madame, pourquoi je cesse de vous voir, sinon de vous aimer.

« Marquis DE LA CHATAIGNERAYE. »

XX

Ce jour-là, la baronne de Montbel alla voir la vicomtesse de Nestaing. Elle était émue jusqu'aux larmes, elle qui ne pleurait presque jamais. Comme il y avait du monde dans le salon, elle entraîna son amie vers la chambre à coucher.

— Qu'as-tu donc? demanda madame de Nestaing.

— Ma pauvre belle, je ne sais comment te dire le malheur qui nous frappe du même coup.

— Parle! mais parle, de grâce!

— M. de Riantz est mort!

Madame de Nestaing pâlit, chancela et s'appuya tout éperdue sur l'épaule de madame de Montbel.

— Que dis-tu? demanda-t-elle d'une voix déchirante. Tu me trompes, on t'a trompée! Est-ce qu'on meurt à vingt-cinq ans!

— M. de Riantz a été tué en duel ce matin.

— Il s'est battu! Pourquoi? avec qui?

— Il s'est battu avec M. de la Châtaigneraye : voilà pourquoi tu me vois si triste. Je ne sais pas la cause du duel. J'ai reçu un billet du marquis de la Châtaigneraye qui n'en dit pas un mot. Le chevalier de Champignolles, qui m'a apporté ce billet, m'a avertie que M. de la Châtaigneraye s'était enfermé pour longtemps, qu'il voulait renoncer au monde en expiation de ce duel. Tout cela est fort triste pour moi, qui m'étais si bien accoutumée à voir le marquis; pour toi, qui n'étais pas fâchée des visites de ce pauvre M. de Riantz; enfin pour mademoiselle de Grandvillers qu'il aimait et qu'il devait épouser pour faire une fin.

Madame de Nestaing n'écoutait pas : abîmée dans sa douleur soudaine, elle croyait rêver; mille idées poignantes traversaient son âme. Elle n'avait jamais si bien senti qu'elle aimait la Châtaigneraye.

— Où est M. de Riantz? dit-elle tout à coup en saisissant la main de madame de Montbel. Où est-il? il faut que je le voie !

— Il a succombé près d'ici, dans le parc de M. de la Châtaigneraye. Peut-être les retrouverions-nous encore à cette heure, toi celui qui est mort, et moi celui qui pleure.

— Allons ! j'aurai le courage d'arriver jusque-là avant de mourir.

— Non, nous n'irons pas. D'ailleurs M. de Riantz n'y est plus. Ses amis ont dû le transporter à son hôtel.

Madame de Nestaing se laissa tomber dans un fauteuil.

— De grâce, fais que j'aille au moins pleurer à son tombeau. Quand j'aurai pleuré, Dieu me fera la grâce de mourir. Hélas ! il est mort sans me dire adieu, lui ! pas un seul mot !

— Oui, je vais chercher à savoir où il sera enterré; je te conduirai à son tombeau. On pleure les morts, mais on n'en meurt pas. Adieu !

La baronne partit; madame de Nestaing se coucha pour avoir le droit de pleurer seule en imaginant une migraine.

Elle pleura, elle pleura encore, elle pleura longtemps, évoquant sans cesse le souvenir de M. de Riantz. Plus que jamais elle erra dans la sombre allée où elle l'avait vu si amoureux et si tendre. Elle poursuivait de ses songes son ombre fugitive ; elle cherchait à se rappeler tous les traits de cette belle et noble figure ; mais, quoique cette figure fût pour jamais dans son cœur, elle ne la voyait déjà plus dans toute la vérité. Ce qui faisait surtout le caractère et le charme de cette figure, c'était la grâce du sourire, c'était le feu du regard, c'était je ne sais quel rayon de noblesse et de fierté. Maintenant qu'il était mort en l'esprit de madame de Nestaing, elle ne voyait dans sa douleur qu'une figure éteinte, des traits abattus, une bouche sans sourire, un œil sans regard ; c'était toute une métamorphose.

Aussi, après huit jours de douleur, la pauvre amante inconsolée n'avait plus en la mémoire qu'un portrait vague et changeant.

Madame de Montbel vint un matin la prendre pour la conduire au tombeau de M. de Riantz. Elles allèrent du même pas au cimetière des Innocents. Madame de Nestaing tomba agenouillée devant une tombe en marbre, surmontée d'une colonne brisée où étaient suspendues de fraîches couronnes de roses blanches. A travers ses larmes elle lut :

CI GIT

PIERRE HECTOR

LARIVIÈRE

MARQUIS DE RIANTZ

MORT EN LA 26ᵉ ANNÉE DE SON AGE

LE 12 AOUT 1718

REQUIESCAT IN PACE.

La baronne de Monthel s'était agenouillée aussi, mais pour soutenir son amie qui avait perdu toutes ses forces.

— Silence ! dit tout à coup la baronne.

Madame de Nestaing étouffa ses sanglots et tourna la tête. Elle aperçut non loin de là, sous un saule pleureur, une jeune fille qui venait de s'arrêter avec surprise ; c'était mademoiselle de Grandvilliers, la triste fiancée de M. de Riantz.

— Voyons, du courage, ma pauvre Edmée, murmura la baronne, ne sois pas jalouse de ses larmes. Elle l'aime, mais c'est toi qu'il aimait. Laissons un peu de place à cette amante infortunée.

Madame de Nestaing se leva sans mot dire, s'appuya sur le bras de son amie, jeta un tendre et triste regard sur le marbre et s'éloigna lentement.

Après quelques pas, elle tourna la tête. Mademoiselle de Grandvilliers à son tour s'était agenouillée devant la colonne dans une douleur muette. Elle avait à la main une nouvelle couronne de roses blanches qu'elle baisait et arrosait de larmes.

— Hélas ! dit la vicomtesse, moi je n'ai pas

le droit de suspendre des roses blanches à son tombeau.

Le lendemain à la même heure, madame de Nestaing retourna au cimetière ; le surlendemain elle y retourna encore ; trois semaines durant elle alla tous les jours prier et pleurer sur la tombe d'Hector de Riantz. Elle trouvait un charme douloureux dans ce triste pèlerinage ; c'était presque un rendez-vous ; elle allait le revoir, — elle allait le quitter ; — elle croyait que l'âme de son amant veillait auprès du tombeau, que cette âme venait au-devant d'elle, — que cette âme la conduisait, — mille autres rêveries d'un cœur qui souffre, qui aime et qui désespère. — Elle était si loin de douter que son amant fût là sous cette pierre, qu'elle tressaillait en s'agenouillant comme si elle se fût agenouillée devant lui. Nulle voix secrète n'avertissait son cœur trompé que son amant n'était pas mort. Le cimetière l'attirait ; elle s'en éloignait avec regret. Elle croyait que tout son bonheur était en terre avec Hector de Riantz. Qu'on vienne parler encore de pressentiments ! nous sommes des aveugles que nos idées conduisent peu à peu dans l'ombre; jamais un rayon de lumière divine n'a frappé nos regards.

XXI

La Châtaigneraye passa un mois en compagnie de Franjolé, déplorant la triste destinée d'Hector de Riantz, discutant avec le joueur de violon certains points de philosophie touchant la mort.

— Puisque vous êtes mort, lui dit-il un jour, dévoilez-moi donc le mystère de la mort.

—Il n'y a pas de mystère : une fois mort on vous enterre, on vous inflige une épitaphe et tout est dit. Rien de plus simple.

— Mais l'âme ?

Le joueur de violon avait regardé par la fenêtre.

— Voyez donc le beau soleil qui rayonne sur ce parterre, allons nous y promener.

— Mais, encore une fois, que devient notre âme ?

— L'âme est au corps ce que le soleil est à la terre ; l'âme se couche ; la mort, c'est la nuit ; l'aurore c'est le réveil ; notre âme, comme le soleil, va luire en d'autres pays.

— Vous ne savez pas ce que vous dites.

— Je parle à peu près comme un philosophe. Mais à quoi bon songer à la mort quand le soleil luit ! Que dites-vous de ces primeroses ?

— Depuis un mois, je vois la mort partout.

— Depuis que je suis mort je vois la vie partout. Dieu n'a pas voulu que nous puissions voir la mort face à face; dès que nous voulons la regarder, la vie nous aveugle.

Ainsi nos deux étranges solitaires divaguaient du matin au soir.

XXII

La Châtaigneraye ne retourna point chez madame de Nestaing; pour y retourner il fallait qu'il portât encore le nom de Riantz. Le pouvait-il? lui qui avait tué Riantz, parce que ce pauvre gentilhomme avait voulu venger son nom. Malgré son amour pour la vicomtesse, le marquis résolut donc de ne pas la revoir.

Il s'imposa ce sacrifice ; c'était encore une façon de porter le deuil de sa victime. Plus d'une fois il fut ébranlé dans cette résolution violente. Madame de Nestaing avait tant de charme et tant d'attrait ; il se rappelait avec d'amères délices certaines heures de joie amoureuse passées près d'elle et avec elle ; il voyait sans cesse cette douce et triste image qu'il avait animée d'un rayon de gaieté et d'amour. Il lui semblait l'entendre encore parler ce doux langage fait pour le cœur, mais qui n'est plus qu'un vain babil quand le cœur n'entend pas. Il lui baisait la main, s'enivrait de son regard, nouait et dénouait sa folle chevelure, enfin il ressaisissait tous les trésors du souvenir.

Un jour cependant l'amour fut le plus fort. La Châtaigneraye sortit pour aller revoir madame de Nestaing.

— C'est la dernière fois, c'est le dernier

adieu, disait-il pour s'excuser. Je la reverrai, je lui toucherai la main...

Mais il se reprit tout à coup en voyant la porte de l'hôtel :

— Non, non, je n'irai pas ; si elle m'a oublié, pourquoi la troubler, si elle pense à moi, pourquoi ranimer ses regrets. Non, non, en tuant Riantz, j'ai porté un coup mortel à cet amour ; mon cœur n'y trouverait plus ni joie ni plaisir ; ce pauvre Riantz m'apparaîtrait toujours à côté d'elle.

Il alla retrouver Franjolé et le pria de jouer du violon.

XXIII

Vers ce temps-là, un revers de fortune vint frapper madame de Nestaing. Le feu avait détruit sa plus belle ferme. Le fermier, déjà en retard pour le payement des loyers, résilia son bail sans rien payer. Il fallut rebâtir la ferme, retrouver un fermier, faire des avances; enfin la fortune de madame de Nestaing subit une brèche irréparable. La pauvre femme résolut de quitter Paris, quoique Paris lui fût cher par sa douleur. Elle ne voulait pas retourner dans sa province ; elle avait hérité de son père un petit domaine en Picardie, le domaine de Froidmont, vieille seigneurie démantelée depuis les guerres de religion. Cette ruine superbe était la digne retraite d'une douleur comme la sienne. Elle consulta sa mère. Quoique madame de Grandclos aimât un peu sa compagnie parisienne, elle se résigna sans balancer à suivre sa fille dans la solitude de Froidmont, espérant d'ailleurs qu'elle retrouverait là quelque vieux curé sachant faire sa partie d'échecs.

Madame de Nestaing vint donc avec sa mère habiter Froidmont. On touchait à l'automne. Elles arrivèrent en carrosse dans l'avenue du château un soir de septembre 1719. Le soleil se couchait dans un horizon empourpré ;

un vent du sud assez violent par intervalles détachait déjà des feuilles jaunissantes. Quoique le temps fût beau, madame de Nestaing trouva le paysage triste et le château désolé. Elle en franchit le seuil en tressaillant comme si elle eût franchi le seuil d'un tombeau.

Un vieux jardinier attendait les nouvelles habitantes. C'était une espèce d'ermite qui psalmodiait des psaumes en cultivant la rose et le persil. Il avait dans son enfance étudié sous les jésuites de la province par la protection de l'archevêque de Reims. Son protecteur étant mort trop tôt, messire Jacques Lebeau avait sans façon repris le râteau et la bêche de son père, mais sans abandonner tout à fait les leçons des jésuites. Il y avait à peu près cinquante ans qu'il gouvernait tant bien que mal le domaine de Froidmont, affermant, percevant les revenus, les remettant à qui de droit, ne réservant pour lui que ce qui poussait dans le jardin. Il se chauffait avec les arbres morts, vivait de légumes ou de braconnage, n'avait jamais recours à qui que ce fût. Il ne se servait que de la lumière du soleil. On le disait un peu fou dans le pays; il n'était que misanthrope. Il avait été marié et content; il avait perdu sa femme : il avait résolu de vivre désormais seul.

En 1719, le château de Froidmont, dont il reste encore des ruines curieuses, était un manoir majestueux, quoique dévasté; bâti au sommet d'une montagne couverte de bois, il dominait tout le paysage par deux tours crénelées qui avaient résisté aux bombes des ligueurs. On y arrivait par une avenue d'ormes centenaires qui partait du milieu de la montagne. Le portail, d'architecture gothique, était orné de sculptures légères. La façade avait subi les ravages de la guerre et du temps. Il était surtout déparé par un perron nouvellement relevé par quelque maçon du terroir. Cependant Froidmont conservait encore un grand caractère, quelque chose d'imposant et de formidable. Madame de Nestaing avait presque peur en montant le perron. La nuit tombait, le vent sifflait dans les vitres brisées, un cri d'oiseau nocturne retentissait dans le grand bois de la montagne. Elle prit la main de sa mère.

— Jacques, dit-elle au jardinier, allumez-nous une lampe, j'ai peur du silence et de la nuit.

Jacques prit les devants. Il revint bientôt armé de deux lampes de fer qu'il n'avait pas décrochées dix fois depuis vingt ans.

Madame de Nestaing, sa mère et leurs domestiques, suivirent le jardinier qui les promena dans tous les détours du château. La vicomtesse remarqua partout l'araignée qui filait sa toile en toute quiétude. Le château n'avait pas été habité depuis 1691, année de la mort du dernier des Froidmont. Les meubles étaient restés à leur place; mais Jacques Lebeau, plus soucieux du jardin que des appartements, avait trop bien respecté la poussière des meubles.

La vicomtesse s'installa dans une petite chambre dont les deux fenêtres s'ouvraient sur le jardin. L'ameublement de cette pièce était en bois de rose incrusté; le lit à baldaquins était garni de damas jaune à fleurs, que le soleil et l'humidité avaient tour à tour altéré. Une pendule en marqueterie et deux cornets en porcelaine du Japon ornaient la cheminée. Madame de Nestaing remarqua dans les cornets des bouquets cueillis du soir même. Au-dessus de la glace, dans un joli cadre sculpté en forme de grappes, un mauvais peintre avait représenté Diane chasseresse poursuivant un cerf. En face de la cheminée étaient appendus d'autres tableaux mythologiques du même peintre : Héro et Léandre, Jupiter et Léda, Ariane et Thésée, Cupidon aux pieds de sa mère. Malgré ces peintures, cette chambre était la plus agréable du château; la vue s'étendait sur le jardin et sur un coin de la vallée. On voyait à travers les arbres la fontaine de *Julienne-la-Belle* jaillir en gerbes brillantes d'une roche gigantesque, pour aller tomber en cascades sur la roue vermoulue d'un petit moulin dont le babillage monotone retentissait jour et nuit dans la vallée.

Le temps passa tristement pour les hôtes du château de Froidmont. Madame de Grandclos regrettait les belles années où, fraîche et jolie, elle entraînait sur ses pas les hommages des plus galants gentilshommes de la cour de Louis XIV, — où son hôtel était entouré de laquais et d'équipages, — où elle dépensait royalement son esprit, son cœur et son argent. Maintenant que lui restait-il? Des cheveux blancs et des débris de fortune. Mais ce qui surtout gâtait sa vieillesse, c'étaient les malheurs de sa fille; madame de Nestaing avait subi deux terribles atteintes : vous savez déjà la seconde, vous saurez bientôt la première. Deux fois elle avait été frappée au cœur. Elle ne traînait plus qu'une vie chancelante et désolée. De quelque côté qu'elle tournât ses regards dans l'avenir, l'horizon lui apparaissait sous les couleurs les plus sombres; des fantômes passaient toujours comme de noirs nuages sur sa destinée; elle ne se consolait qu'à force de pleurer. La Châtaigneraye l'eût peut-être consolée de son premier malheur, mais, dès qu'elle le crut mort, elle vit combien elle avait été coupable; le repentir lui vint avec la douleur.

Quoiqu'elle voulût vivre seule avec ses tristes

souvenirs, il lui fallut subir quelques visites de voisinage. Le comte de Riez et le chevalier de Franval passaient au château de Riez, à une demi-lieue de Froidmont, presque toute la saison d'hiver par amour pour la chasse. Ils ne retournaient à Paris que pour les fêtes du carnaval. Le comte de Riez, un peu curieux, apprenant qu'une jolie femme venait habiter les ruines de Froidmont, voulut savoir la raison de cette retraite.

Un jour, tout en chassant avec son jeune ami le chevalier de Franval, il entra sans trop de façon au château et demanda la grâce de présenter aux dames du lieu sa femme et sa sœur. Il fut accueilli avec une froideur glaciale par madame de Nestaing, mais madame de Grandclos, qui ne voulait pas encore dire au monde un éternel adieu, s'empressa de jurer au comte que toute sa famille serait bien venue à Froidmont. De là visites forcées de part et d'autre. Madame de Nestaing finit par trouver un certain charme à voir mademoiselle de Riez ; c'était une jeune fille de dix-sept ans, douce et naïve, répandant avec effusion les trésors de son cœur sur tout ce qui l'entourait, comme la rose qui s'épanouit en parfumant le parterre.

En dehors de ces visites, madame de Nestaing vivait ou plutôt se laissait vivre dans la plus grande solitude, passant ses jours en promenades dans le bois de *Julienne-la-Belle* ou dans la vallée de Froidmont. Le seul être humain qui osât la troubler dans ses rêveries était maître Jacques Lebeau, dont la bêtise orgueilleusement épanouie la faisait quelquefois sourire.

Le personnel du château n'était pas innombrable; il se composait du jardinier qui avait conservé ses fonctions d'intendant, d'un laquais qui n'avait rien à faire, de Marton qui s'ennuyait beaucoup, mais qui tenait bon par dévouement pour sa triste maîtresse, enfin de deux servantes pour l'office et la basse-cour.

Pour voir de plus près madame de Nestaing dans sa douleur et sa solitude, suivez-la un beau matin d'octobre dans quelque agreste promenade, ou plutôt lisez une de ses lettres à son amie la baronne de Montbel.

« Oui, ma chère Zulmé, je suis au désert, apprenant à mourir, m'abreuvant de mes larmes. Ma vie est bien triste, plus triste que l'automne qui dévaste notre vallée. Sous quelle fatale étoile suis-je donc née? Est-ce donc pour pleurer que je suis venue au monde? Tu ne sauras jamais, toi qui ris si joliment, non, tu ne sauras jamais quelle douleur sans fin je traîne avec moi dans quelque lieu que j'aille.

« Je t'ai parlé du château de Froidmont. Tu

sais que jamais solitude ne fut plus glaciale et plus désolée. Eh bien, je suis moi-même plus triste que ce manoir en ruines. Ma pauvre mère prend assez bien son parti ; elle a retrouvé un curé de village pour jouer au trictrac ou aux échecs. Pendant qu'elle joue, moi je rêve, je lis ou je me promène. Les promenades sont sauvages, comme je les aime : des rochers, des cascades, un grand bois, tout semble fait ici pour ma douleur. Le matin, quand le temps est beau, je sors en grand négligé ; je vais droit à la fontaine de *Julienne-la-Belle*, dont le murmure sur les rochers parle plus éloquemment à mon pauvre cœur ; j'écoute, j'écoute encore ; je m'assieds sur l'herbe, des gouttes brillantes viennent arroser mon front qui brûle ; je reste ainsi durant de longues heures ne pouvant dire pourquoi j'aime à être là toute seule, les yeux pleins de larmes, le cœur palpitant... Est-ce que tu as revu M. de la Châtaigneraye ? Est-ce qu'il t'a parlé de M. de Riantz ?...

« Le reste du temps, j'erre comme l'ombre de moi-même dans les grandes salles désertes du château ou dans les allées du jardin. Au printemps, on doit réparer tous les ravages faits au mobilier et aux lambris. A vrai dire, j'aimerais mieux que le château restât tel qu'il est, dans sa noble vétusté. Ces corniches dévastées, ces tapisseries en lambeaux, ces glaces tachées, ces plafonds qui ne tiennent à rien, ces solives noires et vermoulues, ont pour moi je ne sais quel charme de tristesse, d'abandon, de ruine. Ah ! voilà bien le lieu qu'il me fallait habiter.

« Il y a une bibliothèque, j'y prends tous les jours un nouveau livre que j'entr'ouvre à peine ; en promenade c'est toujours le livre que je n'ai pas que je voudrais lire. Je crois que pour aimer la lecture des romans il faut espérer encore quelque chose de l'amour. Tu comprends que ce n'est pas un roman qu'il faut pour me distraire.

« Je suis distraite de temps en temps par un vieux jardinier qui est bête à faire peur. Figure-toi un petit homme cassé, vêtu d'une houppelande bleue, coiffé d'un bonnet pointu, chaussé de sabots grands comme de petits bateaux. Mais l'habit n'est rien quand on pense à son esprit. Il a étudié six mois chez les jésuites, il part de là, pour se croire un savant; il raisonne à perte de vue sur les plantes; il fait des dissertations sur les choux; il me gâte le jardin parce qu'aussitôt qu'il me voit venir il accourt un bouquet à la main. Encore s'il se bornait à m'offrir son bouquet en silence, mais hélas! il n'a garde de me faire grâce du compliment. Depuis que je lui ai dit que je n'entendais pas un mot de latin, il orne son jargon d'un grand nombre de mots latins, il termine toujours ses discours par un point d'admiration pour lui.—Ah! s'écrie-t-il, avec un soupir, si monseigneur l'archevêque n'était pas mort sitôt! — Après tout, lui disais-je ce matin, si monseigneur l'archevêque n'était pas mort sitôt, vous seriez curé, vous diriez la messe sans savoir ce que vous diriez, ne vaut-il pas mieux planter des choux et greffer des rosiers?—Oh! que nenni, madame, car si j'étais devenu curé, j'aurais fait mon salut en latin. » Mais à quoi bon te parler de ce pauvre vieux fou qui a étudié chez les jésuites.

« As-tu jamais entendu nommer le comte de Riez, sa femme, sa sœur mademoiselle Julie, son ami le chevalier de Franval? nous les voyons quelquefois, parce qu'ils nous ont recherchées. J'ai consenti à les visiter à mon tour pour distraire un peu ma mère. Le comte a probablement de l'esprit ; le chevalier n'en a guère, il est émerveillé de sa petite personne, il prononce les *z* avec les plus jolies grimaces du monde. C'est un vrai petit-maître musqué et pirouettant. J'ai bien peur que mademoiselle de Riez n'en devienne amoureuse; elle est charmante et digne d'un tout autre personnage. Pour madame de Riez, c'est une femme sur le retour qui joue à la jeunesse; elle baisse les yeux et fait des mines. Si j'avais envie de rire, je serais embarrassée devant elle. Elle m'a dit qu'elle connaissait M. de la Châtaigneraye, qu'elle espérait l'avoir un jour à son château. J'ai d'abord frémi à l'idée de rencontrer cet homme; le croirais-tu? maintenant, je désire le voir! je ne saurais expliquer pourquoi j'ai cette triste et horrible curiosité, sans doute parce que je ne me plais que dans la désolation.

. . . .

« Ce pauvre Riantz! j'ai beau chercher à ressaisir fidèlement les traits de sa noble figure, je ne parviens qu'à grand'peine à me représenter cette image adorée. Pourtant je la poursuis sans cesse de toute la force du souvenir. Que ne donnerais-je pas pour avoir un portrait de lui grand comme le médaillon de mes bracelets !

EDMÉE. »

Trois années se passèrent ainsi, tristes, silencieuses, pleines de larmes et de recueillement. Madame de Nestaing n'avait de nouvelles du monde que par ses voisins et par quelques lettres griffonnées par madame de Montbel dans ses jours d'ennui. Elle se résignait à la solitude sans regrets et sans espérances. Quoiqu'elle eût à peine vingt-quatre ans, elle subissait les ravages du temps ; ses beaux yeux étaient abattus, son teint se flétrissait, sa bouche avait perdu sans retour ce sourire si rose qui est le sourire du printemps. Loin de se plaindre de ces mortelles atteintes, elle les voyait avec une joie funèbre. C'étaient des présages de mort. Et depuis qu'elle avait vu le tombeau de Riantz, elle aimait la mort.

XXIV

Cependant que devenait le marquis de la Châtaigneraye?

Après un deuil, c'est-à-dire une solitude de deux mois avec Franjolé, il fit sa rentrée dans le monde où l'on racontait mille histoires incroyables sur son compte. Quand il reparut, c'était à qui, parmi les femmes surtout, le verrait et lui parlerait. Il était devenu célèbre comme un héros de roman : jamais un héros de roman n'avait tant tourné de têtes. La Châtaigneraye, triste encore, ne jouit point de ce nouvel éclat de renommée. Vingt femmes des plus belles se trouvaient autour de lui toutes prêtes à lui répondre. Il les dédaignait pour le souvenir toujours palpitant de madame de Nestaing.

La baronne de Montbel parvint pourtant à le distraire de cette passion sérieuse ; elle remit si bien en jeu toutes ses mille coquetteries qu'il se laissa séduire et entraîner, peut-être parce qu'elle connaissait madame de Nestaing.

Il ne trouva qu'ennui dans cet amour : la vicomtesse lui avait gâté pour longtemps toutes les autres femmes. Vers ce temps-là, il partit pour les guerres d'Allemagne, ennuyé de jouer si longtemps le rôle de coureur d'aventures. Il commençait à trouver misérable cet amour sans foi ni loi qui tourne à tous les vents. Il voulait enfin devenir un homme, dût-il payer cette conquête de son sang.

On sait que la Châtaigneraye fut vaillant sur le champ de bataille comme dans ses aventures amoureuses. Un brave est toujours brave quelle que soit l'action.

A sa seconde campagne, la Châtaigneraye, emporté par toute l'audace des passions guerrières, laissa dans l'armée, par des prodiges de valeur, des souvenirs durables. Il eut plus d'une fois les honneurs de la journée; mais la gloire se paye toujours cher : il revint à Paris passablement défiguré par un coup de sabre sur le front. Un de ses beaux sourcils, si bien arqués, fut partagé pour toujours. Malgré cet accident, il n'en resta pas moins un des plus beaux gentilshommes de la cour.

A peine de retour de ses campagnes, le marquis de la Châtaigneraye reçut ce billet du comte de Riez :

« Mon cher marquis,

« Tous les ans, à la saison de la chasse, je compte sur vous pour battre nos vallons et nos montagnes. Nous avons des cerfs et des daims, des chevreuils et des sangliers, en un mot, notre chasse ne serait pas indigne de monseigneur le Régent. Une fois pour toutes, venez donc! Les dernières avoines sont fauchées, il n'y a plus dans les champs que des regains pour protéger messire Lièvre et Jean Lapin. Le bois des Grands-Genêts s'éclaircit déjà, voilà l'heure qui sonne de reprendre le cor suspendu, de presser le flanc des coursiers qui piaffent d'impatience. Par saint Hubert, en avant!

« Madame de Riez serait charmée de vous compter au nombre de ses hôtes. Elle n'a point oublié que l'autre hiver, au Palais-Royal, elle a dansé avec vous un pas de Zéphir des plus remarquables. Je ne vous promets pas de vous faire danser à Riez, mais si la chasse n'a point assez d'attrait pour vous, nous parviendrons pourtant à vous distraire. La campagne est belle ici, nos amis de province sont curieux à connaître, les uns par leur ridicule, les autres par leur charme. Le croiriez-vous, il y a sur notre montagne, au château de Froidmont, une madame de Nestaing qui est merveilleusement belle et qui s'est retirée du monde à 22 ans ? Nous ne pouvons deviner pourquoi. Si vous veniez, divin roué que vous êtes, vous seriez capable de voir clair dans cette âme solitaire ; comme disait mademoiselle de Lenclos, c'est peut-être une âme dépareillée.

« Adieu, je vous attends.

« Comte DE RIEZ. »

C'était le vingtième billet que le comte écrivait au marquis. La Châtaigneraye, recherché partout, avait à peine répondu jusque-là. Il frémissait à l'idée d'aller chasser en si mauvais terroir, dans un pays de loups où on ne pouvait arriver que par d'horribles chemins. Cette fois il ne répondit pas; il résolut sur-le-champ d'aller surprendre le comte à Riez, dût-il briser son équipage et tuer dix chevaux. Mais comme il était sur le point de partir, une mésaventure amoureuse le retint de force jusqu'à la fin de novembre. Il partit enfin.

Il arriva sur le soir, par une pluie battante, au pied de la montagne de Riez, n'ayant encore cassé qu'une roue à son carrosse et mis quatre chevaux sur le flanc. Il voulut monter un peu vite; cette fois l'essieu se rompit, les chevaux eurent peur, et reculèrent en dépit du postillon; le carrosse roula dans un ravin avant que la Châtaigneraye eût le temps de mettre pied à terre. Le marquis se crut perdu ; mais puisqu'il y a un Dieu pour les enfants, il y a un Dieu pour les amoureux qui sont aussi des enfants. Le carrosse fut arrêté par un bouleau au beau milieu de sa chute. La Châtaigneraye en fut quitte pour la peur et quelques égratignures. Il ouvrit la portière, sauta sur l'herbe du ravin et joignit son laquais qui le regardait les bras ouverts et la bouche béante.

— Coquin! dit-il en le secouant comme un jeune arbrisseau.

Il saisit un bâton de fagot et battit le pauvre Lépine pour exhaler sa colère.

— Va-t'en secourir le postillon qui se débat avec ses chevaux.

Le laquais descendit au plus vite. La Châtaigneraye poursuivit sa route à pied dans la montagne. Après une demi-heure de marche dans le gravier, par la pluie toujours battante, il arriva tout ruisselant à la porte du château de Riez. Il frappa à coups redoublés. Un palefrenier à moitié endormi vint ouvrir en grognant plus haut que les chiens.

— Qui va là? cria-t-il d'une voix impérieuse.

— Ouvrez! répondit la Châtaigneraye d'une voix plus impérieuse.

— Dieu merci, vous prenez bien votre temps pour faire des visites. On ne mettrait pas un chrétien à la porte.

— Coquin! si tu n'ouvres pas...

La porte s'ouvrit comme par enchantement.

— Passe en avant pour annoncer le marquis de la Châtaigneraye.

Et disant cela, le marquis menaçait le palefrenier de son bâton de fagot. Cet homme, un peu rude et un peu fier, se révolta de la menace.

— Mon métier n'est pas d'annoncer les gens. Je suis ici pour les chevaux.

La Châtaigneraye saisit son bâton à deux mains et poursuivit le palefrenier.

— Pendard! il ne fait pas un temps à discuter! cria-t-il en secouant ses habits ruisselants.

A cet instant, le comte de Riez, curieux de savoir le premier qui pouvait venir à cette heure et par cette pluie d'automne, s'avança sur le perron. Il ne fut pas peu surpris d'entrevoir dans l'ombre un étranger, qui battait son palefrenier à tour de bras.

— Holà! quelqu'un! cria-t-il en se tournant vers le château.

A la voix du maître, toute la valetaille, qui eût laissé paisiblement rouer de coups de bâton le pauvre palefrenier, sortit avec des lumières et des armes domestiques. Presqu'en même temps, le chevalier de Franval arriva sur le perron, suivi des dames de Riez.

— A merveille! dit la Châtaigneraye qui s'était approché, j'ai fait une entrée solennelle !

Riez, croyant reconnaître un ami, descendit à sa rencontre. Il était temps, car le palefrenier venait sournoisement de lâcher un chien de garde qui l'eût vengé à belles dents sans la présence du comte.

On entra au salon, où l'on reconnut enfin le visiteur nocturne, qui raconta son voyage.

— J'étais bien sûre que c'était un grand personnage, dit madame de Riez en faisant des mines; un homme qui bat si bien les gens!

— Le drôle ne voulait pas m'annoncer, sans doute parce qu'il me voyait en ce triste équipage.

La Châtaigneraye secoua dans le grand feu du salon son feutre transpercé.

— Ah! charmante cousine! reprit-il en baisant la main de madame de Riez avec une galanterie toute royale, ce n'est pas en carrosse, mais en nacelle qu'il faut venir vous visiter. Depuis deux jours j'aurais bien voulu me métamorphoser en canard.

— Dites plutôt en cygne, marquis.

— Vous vous moquez. Mais, quoi qu'il en soit, vous me tiendrez compte de ma bonne volonté.

— Diable! se dit tout bas le comte de Riez, pourvu que le marquis ne soit pas venu pour chasser autre chose que le chevreuil ou la bécasse.

— Vous avouerez, mon cher comte, poursuivit la Châtaigneraye, qu'il faut aimer la chasse pour venir à Riez au mois de décembre. — Comment font ces dames qui n'aiment pas la chasse?

— Vous arrivez bien à propos, reprit le

comte, demain et après-demain nous faisons une belle et bonne battue dans le bois des Grands-Genêts, au-dessus du château de Froidmont. Vous serez des nôtres.

— De tout mon cœur! — Qu'est-ce donc que ce château de Froidmont?

— L'ermitage d'une gracieuse cénobite qui s'est retirée du monde, madame la vicomtesse de Nestaing. — La connaissez-vous, marquis?

La Châtaigneraye ne savait trop quelle figure faire; il prit le parti d'éluder la question.

— Je ne me rappelle jamais le nom, mais la figure, répondit-il d'un air distrait.

— Nous la verrons bientôt, dit madame de Riez; prenez garde, monsieur de la Châtaigneraye, c'est une figure qu'on n'oublie jamais.

— Elle est donc presque aussi belle que vous, comtesse?

— Flatteur! Cherchez dans vos souvenirs les plus jolis traits, un teint de lys, un ovale parfait, une riche chevelure noire, des yeux bleus qui vous parlent du ciel.... Mais je crois que le souper est servi, c'est un thème plus souriant pour vous.

On passa dans la salle à manger. Le souper fut long et joyeux. Cependant le comte de Riez remarqua que la Châtaigneraye n'avait pas son insouciance accoutumée.

— Diable! dit-il avec une secrète inquiétude, pourvu que le marquis ne soit pas amoureux de la comtesse.

Quand la Châtaigneraye fut seul, il se demanda sérieusement quel rôle il devait jouer désormais avec madame de Nestaing. Il l'aimait comme aux plus beaux jours. Seule entre toutes celles qu'il avait séduites, elle conservait de l'empire sur ce cœur volage. Il n'avait jamais pu oublier ces beaux yeux qui

venaient du ciel, comme disait madame de
Riez; enfin un peu d'encens pur avait brûlé
pour lui dans cet amour : son âme en respirait encore le parfum avec ravissement.

Mais comment reparaître aux yeux de madame de Nestaing sans risquer de la rendre
folle. Il savait par madame de Montbel que
la vicomtesse avait pleuré, des larmes les plus
amères, la mort de Riantz. Comment lui dire :
c'est moi qui ai tué Riantz, moi que vous aimiez sous le nom de Riantz. Le voudrait-elle
croire ?

— Une idée! s'écria tout à coup le marquis
en se frappant le front. Si je faisais semblant
de ne pas la connaître; j'ai vieilli, ce coup
de sabre allemand m'a quelque peu défiguré;
j'ai changé de coiffure; qui sait si madame de
Nestaing me reconnaîtrait? D'ailleurs elle n'a
jamais osé autrefois me regarder en face. —
Mais si je me présente à elle comme le meur-

trier de son amant, je cours le risque d'être assez mal accueilli. — Mais qu'importe? Que je paraisse devant elle en Riantz ou en la Châtaigneraye, il y a là un curieux chapitre de roman.

XXV

En 1723, vers la fin de décembre, par une matinée sombre et humide, madame de Nestaing se hasarda, sur la pointe des pieds, sur le sentier de la fontaine de *Julienne-la-Belle,* où elle n'était pas allée rêver depuis près d'un mois. Elle avait jeté sur ses épaules un mantelet de soie noire que le vent de bise battait et soulevait. Une touffe de cheveux échappée au peigne se jouait sur sa figure pâle et triste. Sa beauté n'avait jamais été plus touchante. Le négligé du matin et de la campagne lui allait à merveille, à cette femme, toujours simple et toujours belle, soit dans le sourire, soit dans les larmes.

Ce jour-là le paysage de Froidmont était d'une désolation infinie; les corbeaux s'abattaient sur l'éteule avec leurs lugubres croassements, les moineaux en disette sautillaient sur les branches nues tout en criant famine; une vapeur terne s'étendait sur tout le ciel où le soleil semblait éteint; nulle figure humaine ne se montrait dans la campagne; n'eût été quelque nuage de fumée s'élevant de la cheminée des chaumières, on se fût imaginé assister à la fin du monde. Mais ce qui surtout attristait le paysage, c'était la vue des branches cassées par le dernier givre. Tous les arbres étaient défigurés par leurs rameaux pendants.

Madame de Nestaing s'arrêta près de la fontaine, au pied de la roche où un peu de neige amoncelée n'était pas encore fondue malgré les pluies. Son arrivée effaroucha quelques mésanges qui becquetaient le salpêtre et la graine des buissons. La vicomtesse posa sa blanche main sur la mousse humide de la roche tout en suivant de son doux regard attristé les flots bondissants de la source.

Un bruit du bois vint la distraire : c'était l'aboiement confus d'une meute poursuivant un chevreuil. Le son des cors se mêla aux aboiements; bientôt elle distingua des voix humaines. La chasse s'éloigna de la lisière du bois où elle était descendue.

— Tant mieux, dit madame de Nestaing; on ne me troublera pas.

Mais elle n'était pas quitte avec tout le

monde; Jacques Lebeau vint la surprendre avec un bouquet à la main.

— Madame la vicomtesse me pardonnera, mais tant qu'il y aura une fleur sur notre terroir, j'irai la cueillir pour elle. J'ai battu toute la montagne pour ce petit bouquet de violettes. On brûle de l'encens à Dieu, on cueille des fleurs aux femmes.

— Vous êtes trop galant, dit la vicomtesse en respirant le bouquet. On n'est pas plus gracieux à la cour.

— Ah! quand j'étudiais aux jésuites! Mais ma vie a été perdue.

A cet instant le bruit de la chasse revint au bord du bois.

— Savez-vous qui est-ce qui chasse, Jacques Lebeau? Est-ce le comte de Riez?

— Il faut bien que ce soit lui. Dans tout le pays, il n'y a que son piqueur qui sache ainsi sonner du cor. Nous autres braconniers nous allons à la chasse sans tambour ni trompette.

Madame de Nestaing, qui promenait son regard sur la lisière du bois avec une curiosité inquiète, vit bientôt passer les chasseurs à travers les touffes dépouillées. Elle reconnut le comte de Riez et le chevalier de Franval qui était accompagné d'un jeune cavalier.

— Les voilà qui viennent de ce côté, dit la vicomtesse avec ennui, tout en se demandant si elle aurait le temps de retourner au château sans rencontrer les chasseurs.

Elle trouva beaucoup plus simple de gagner une carrière abandonnée ouverte à quelques pas de la fontaine de *Julienne-la-Belle.*

— Si les chasseurs vous parlent, dit-elle au jardinier en s'éloignant, gardez-vous bien de leur dire que je suis là.

— *Fiat voluntas tua.*

Disant ces mots Jacques Lebeau s'agenouilla

devant la fontaine, non pour s'y désaltérer, mais pour y boire par habitude. Il était encore agenouillé quand sept ou huit chiens haletants et altérés vinrent se précipiter sur lui et autour de lui avec une bruyante ardeur. Jamais le pauvre jardinier ne s'était trouvé en si folâtre compagnie. Il fut arrosé des pieds à la tête. Les trois chasseurs qui suivaient leurs chiens de près, éclatèrent de rire à ce spectacle.

— Le pauvre Jacques Lebeau! s'écria le comte de Riez, le voilà comme Daniel dans la fosse aux lions.

Jacques Lebeau essaya vainement de se relever pour voir plus à l'aise; les chiens en belle humeur lui sautaient sur les épaules à tour de rôle.

— Ces diables de chiens me prennent pour une métamorphose d'Ovide. De grâce, monsieur le comte, sifflez votre meute.

M. de Riez n'eut garde de rappeler ses chiens; il trouvait trop piquant de laisser Jacques Lebeau dans ce déluge à l'eau de roche.

— Ah ! mon Dieu, que c'est zoli, que c'est zoli, s'écriait le chevalier en applaudissant; c'est peut-être la première fois que ce drôle prend un bain.

Les chiens semblaient s'être donné le mot pour faire damner le pauvre jardinier. Ils lui prodiguaient toutes sortes de caresses ; l'un lui léchait la barbe, l'autre lui imprimait ses pattes sur son gilet blanc, celui-ci jouait avec ses cheveux, celui-là le prenant pour un marche-pied s'élançait de son dos sur le haut du rocher *et vice versa.*

Madame de Nestaing n'avait pas perdu la scène de vue, malgré sa crainte d'être découverte par les chasseurs; elle se tenait à l'entrée de la carrière à demi masquée par des ronces et les buissons. Elle ne put s'empêcher de rire au spectacle des infortunes de son gracieux jardinier. Mais ce qui surtout fixa son regard ce fut le compagnon de chasse du comte et du chevalier.

Cet autre chasseur était descendu de cheval au bord du bois; il était dans l'équipage d'un prince du sang; son feutre était orné d'une plume d'aigle merveilleusement belle. Quoique très simple, son costume de chasse avait un grand caractère. On voyait briller à ses pieds des éperons d'or d'un joli travail. Il s'avança le premier à la fontaine, le premier après les chiens, pour boire à son tour. Le jardinier venait de se relever.

— Ne vous dérangez pas, brave homme, lui dit le chasseur avec un léger sourire; buvez tout à votre aise.

— Hé, monseigneur, je n'ai que trop bu. Voyez donc, j'ai bu de la tête aux pieds. Que voulez-vous, les chiens n'y regardent pas de si près quand ils sont à un pareil festin. L'eau est comme le soleil qui luit pour tout le monde, l'eau coule pour tout le monde. Buvez, monseigneur.

Le comte de Riez s'était approché.

— Il me semble, dit-il, que l'eau est encore un peu trouble. En attendant qu'elle redevienne claire, tenez, la Châtaigneraye, prenez cette gourde et buvez.

Madame de Nestaing tressaillit et recula d'un pas.

— Le marquis de la Châtaigneraye ! murmura-t-elle en pâlissant. Lui ! c'est lui ! je l'avais deviné.

Jacques Lebeau, enchanté de sa tirade, se rengorgeait comme un paon qui vient de faire la roue.

— Dites-nous, maître Jacques Lebeau, reprit le comte de Riez, que se passe-t-il de neuf au château de Froidmont? Est-ce que madame de Nestaing se promène aujourd'hui? Est-ce que le curé de Froidmont est venu faire sa partie de trictrac avec madame de Grandclos?

— En vérité, monsieur le comte, je n'en sais rien ; je ne vois jamais que ce qui se passe dans mon parterre. Et par ce vent de bise il n'y a pas grand'chose de nouveau.

Madame de Nestaing remarqua à cet instant pour la seconde fois que le marquis de la Châtaigneraye regardait les fenêtres du château avec une visible curiosité.

— Est-ce qu'il oserait jamais paraître devant mes yeux? se demanda-t-elle. Pourquoi pas, reprit-elle aussitôt, puisqu'il ignore que M. de Riantz m'a aimée.

— Jacques Lebeau, dit le comte de Riez, vous avertirez vos nobles maîtresses que demain dans l'après-midi, s'il ne fait pas plus mauvais temps, nous viendrons les visiter avec madame de Riez et ma sœur.

— C'est comme si c'était dit, monsieur le comte.

M. de Riez s'étant avancé de quelques pas vers la carrière, madame de Nestaing s'enfonça précipitamment dans l'obscurité des voûtes.

— Ce sentier conduit à la carrière, monsieur le comte. Mais il n'y a pas de gibier par là, j'imagine. A moins que vous ne fassiez la chasse aux fouines, aux chauves-souris et aux chats-huants.

Le marquis de la Châtaigneraye reprit la parole.

— Brave homme, demanda-t-il au jardinier en indiquant du doigt les fenêtres du château, est-ce là qu'habite madame la comtesse de Nestaing ?

Et se tournant vers le chevalier de Franval :

— Vous dites qu'elle est jolie votre charmante voisine.

— Elle est charmante, répondit le chevalier avec son accent de petite maîtresse. Des yeux adorables, une bouche divine, Vénus en un mot.

— Ah! messieurs, s'écria le jardinier avec enthousiasme, c'est la plus belle rose de mon parterre.

— Pourquoi, diable! laissez-vous faner cette rose sans la cueillir, dit en se tournant vers le chevalier la Châtaigneraye pour continuer la métaphore de Jacques Lebeau.

Madame de Nestaing eut un mouvement de colère en voyant avec quel sans-façon on venait de parler d'elle; elle regretta que sa solitude ne fût pas plus inviolable.

A cet instant le son du cor rappela les chasseurs au bois. Les piqueurs avaient entrevu un sanglier dans les broussailles. Les chiens qui gambadaient et bondissaient autour de la fontaine s'élancèrent vers cette nouvelle proie avec la rapidité d'une flèche; les chasseurs disparurent bientôt sous les arbres.

Madame de Nestaing remonta à la fontaine; elle était inquiète et agitée. Un pressentiment l'avertissait que la destinée lui préparait encore bien des larmes.

La figure de la Châtaigneraye, quoique à demi masquée par son feutre et quoique vue à distance, avait frappé la vicomtesse.

— C'est bien étrange, dit-elle en y réfléchissant, si j'avais un peu plus la mémoire des figures, je dirais que le marquis de la Châtaigneraye ressemble trait pour trait à M. de Riantz. Mais, quelle folie ! le marquis est plus vieux, sa physionomie est plus sévère, son regard moins doux, sa bouche ne sait pas si bien sourire. Non, non, il ne ressemble pas à ce pauvre Riantz ; je ne sais pourquoi cette folle idée m'est venue. Hélas! est-ce parce que M. de la Châtaigneraye a tué ce pauvre enfant.

Madame de Nestaing pencha son front dans sa main cherchant à ressaisir les traits effacés de son amant. Par une fatalité qui semblait bizarre et qui était bien naturelle, la figure de la Châtaigneraye, coiffée du feutre à plume d'aigle, lui cachait la figure de celui qu'elle connaissait sous le nom de Riantz.

XXVI

Cependant Franjolé avait continué paisiblement son genre de vie; il habitait toujours la
petite maison du marquis de la Châtaigneraye,
jouant du violon, feuilletant des bouquins, se
promenant par le parc tout à son aise et tout
à son gré. Il ne sortait guère qu'à l'heure des
repas ou pour entendre de la musique, tan-

tôt à l'église, tantôt à l'Opéra, tantôt séduit par un motif de Campra ou par un air de Lully. C'était toujours le même esprit bizarre, insouciant, fantasque, par dessus tout original. Le marquis, au retour de la guerre, l'avait souvent visité pour se distraire des bruits du monde et pour prendre une leçon de philosophie. La Châtaigneraye l'aimait pour sa fierté et pour sa bizarrerie ; il n'avait jamais rencontré un homme aussi curieux à étudier ; vingt fois en vain il l'avait supplié de lui raconter son histoire, mais Franjolé s'était toujours contenté de lui dire ceci ou à peu près : Je suis fils d'un paysan ; je naquis en Auvergne ; mon premier état fut de garder les vaches de mon village ; tout en gardant les vaches, je me fis une flûte avec un roseau, voilà pourquoi je devins par hasard aussi bon musicien que le vieux Pan. Après la musique vint l'amour, après l'amour vint la mort. Rien de plus simple. Maintenant je joue du violon au lieu de m'en tenir à mon épitaphe. Voilà mon histoire.

La Châtaigneraye n'avait garde d'ajouter foi à ce récit fantasque, mais il ne pouvait obtenir une meilleure version. Comme d'ailleurs il craignait de fâcher son ami Franjolé, il le laissait dire et vivre à sa guise.

Franjolé avait perdu de vue sans trop de chagrin la main blanche de la rue Sainte-Marie. Il savait à quoi s'en tenir sur l'amour. Il était d'avis qu'une femme verse toujours un peu d'amertume dans la coupe. Depuis longtemps déjà il avait jeté au vent les illusions qui nous aveuglent; il ne voulait rechercher désormais que la magie de la musique et de la nature, la distraction des livres et des rêveries.

Un matin il s'éveilla avec le souvenir de la main blanche; il se rappela non pas sans un certain émoi ces heures d'attente presque amoureuse qu'il passait autrefois à la fenêtre de sa pauvre chambre pour voir apparaître cette main enchanteresse.

— Qu'est-elle devenue? se demanda-t-il tout à coup. A-t-elle été conduite à l'autel, cueille-t-elle des roses ou des asphodèles? Guide-t-elle un humble coursier dans les montagnes, puise-t-elle de l'eau à la fontaine rustique? Noue-t-elle une intrigue à la cour? Soutient-elle un enfant à son sein?

Franjolé se leva et prit son violon sans y avoir pensé; il joua un air qu'il n'avait pas joué depuis son départ de la rue Sainte-Marie.

— C'est bien étonnant, reprit-il en levant la tête comme pour retrouver un souvenir perdu, c'est bien étonnant que ma paresse m'ait empêché de savoir le nom de ma gracieuse voisine; la destinée a d'étranges caprices surtout pour moi. Voyons, n'y pensons plus.

Il eut beau faire pour n'y plus penser, la main blanche flottait devant ses yeux avec toute sorte d'agaceries, au point qu'il laissa tomber son archet avant la fin de la mesure ; c'était la première fois qu'une pareille distraction musicale lui arrivait, et encore ne s'en aperçut-il pas. Il alla à la fenêtre, regarda le ciel et les arbres, revint dans sa chambre, prit un livre et le feuilleta sans penser le moins du monde à ce qu'il faisait.

— Le souvenir, dit-il, est une bonne fée dont la baguette d'or ne réveille que les plus gracieuses images du passé, ou plutôt c'est un miroir magique qui ne garde en amour que les jolis tableaux et les charmants portraits, ou plutôt encore c'est un peintre bien inspiré qui peint les femmes comme elles veulent être et non pas comme elles sont.

Franjolé croyait se délivrer du souvenir en l'analysant comme il arrive de presque tous les sentiments humains, mais ce fut en vain qu'il se parla à lui-même du souvenir pendant une demi-heure. Le souvenir tint bon, il lui fallut à la fin se soumettre à son charme; il voyait sans cesse la fenêtre qui s'ouvrait à demi, la petite main qui jetait gracieusement l'aumône, la manche qui retombait sur la petite main, le mystère qui entourait la petite main, tout cela embelli par la séduction du souvenir.

Le pauvre Frajolé se promenait de long en large sans pouvoir rien faire

— Un si beau soleil! dit-il en soupirant; comment rester à l'ombre comme je le fais! Il n'y a que les escargots qui s'enferment ainsi dans leur maison.

Il chercha où il pourrait aller.

— A Saint-Sulpice ou à Notre-Dame on y doit faire de la musique. D'ailleurs a-t-on besoin d'aller quelque part, pourvu qu'on aille, c'est tout ce qu'il faut.

C'était la première fois que Franjolé se demanda avant de sortir où il irait. Il ne voulait pas s'avouer qu'il était saisi par le désir de revoir l'hôtel de la rue Sainte-Marie. Cependant, à peine sorti, il se dirigea de ce côté; mais en homme de mauvaise foi avec lui-même, il se dit tout haut qu'il se promenait sans but. Il s'arrêta devant la boutique du menuisier.

— Hé bien! lui demanda cet homme en vidant son rabot; cherchez-vous un nouveau gîte, monsieur Franjolé? Restez-vous parmi les vivants ou retournez-vous avec les morts?

— Tant que je pourrai jouer du violon, je serai des vôtres, répondit le musicien. Mais vous allez m'apprendre si cet hôtel est toujours habité par notre belle et mystérieuse voisine?

— Belle demande! D'où venez-vous donc?

Il y a plus de trois ans que l'hôtel est désert. Voyez plutôt comme tout est fermé.

— Que sont donc devenues les habitantes?

— Elles sont parties pour la province. Connaissez-vous le château de Froidmont?

Franjolé chercha dans sa mémoire. Il ne se rappela pas avoir entendu parler de ce château.

— De quel côté? demanda-t-il en homme que l'obstacle irrite.

— Je ne sais pas... en Picardie... du côté de Villers-Cotterets. — Qu'avez-vous donc oublié de dire à nos voisines?

— Rien, répondit Franjolé en s'éloignant.

Quelques jours se passèrent sans que Franjolé pût recouvrer son insouciance accoutumée. Le château de Froidmont l'attirait et l'éblouissait : c'était la lumière qui appelle le voyageur nocturne. Il eut beau se dire mille fois que c'était une folie à nulle autre pareille que de poursuivre ce rêve oublié, de renouer cette chaîne brisée, de chercher le parfum perdu de cette fleur mystérieuse : il demeura sous le charme sans pouvoir le secouer. Après bien des luttes, bien des obstacles qu'il créait lui-même, il se mit un jour en route, le bâton à la main comme un pèlerin solitaire, pour le château de Froidmont. Qu'allait-il y faire? lui qui avait renoncé au monde, à Satan, à ses pompes et à ses œuvres; lui qui ne croyait plus qu'à son violon pour les plaisirs du cœur. L'amour avait détruit d'un coup d'aile tout l'échafaudage de la philosophie.

Franjolé allait au château de Froidmont pour voir madame de Nestaing.

— Ce n'est pas l'amour qui m'entraîne, se disait-il pour consoler sa sagesse, c'est la curiosité. Je veux voir si la figure est digne de la main.

XXVII

Un jour, vers deux heures, un bruit d'équipage retentit dans tout le château de Froidmont. Madame de Nestaing, s'étant mise à une fenêtre, vit courir le laquais vers le portail à l'appel de M. de Riez.

La lourde porte cria sur ses gonds rouillés. A peine ouverte, un cavalier, le comte de

Riez, passa rapide comme le vent sur un cheval plein de feu et de jeunesse. Il fut suivi d'un vieux carrosse, moucheté de boue jusque sur les armoiries.

Un autre cavalier, monté sur un cheval bai brun, caracolait léger comme un nuage derrière le carrosse. La vicomtesse reconnut le marquis de la Châtaigneraye avant même de l'avoir vu. Il rejoignit l'autre cavalier; tous deux mirent pied à terre devant le perron, et, tandis que le comte de Riez montait l'escalier pour annoncer son monde aux dames de Froidmont, le marquis alla droit à la portière du carrosse, l'ouvrit et prit la main des dames de Riez pour la descente, au grand dépit du chevalier de Franval, qui avait perdu trop de temps à rajuster les rosettes de ses souliers.

Madame de Grandclos vint au-devant des visiteurs. Madame de Nestaing demeura à la porte du salon, parlant exprès au comte de Riez sans savoir ce qu'elle disait.

La Châtaigneraye arriva bientôt devant elle, conduisant par la main mademoiselle de Riez.

La vicomtesse, émue et troublée au plus haut degré, se jeta dans les bras de mademoiselle de Riez avec plus d'effusion que de coutume, au point que tout le monde en fut surpris.

Le marquis salua madame de Nestaing, qui s'inclina à son tour sans avoir levé le regard.

On entra dans le grand salon; on fit cercle autour d'une cheminée digne des patriarches; on commença à parler de la pluie et du beau temps.

— Vous me trouvez bien ennuyeuse, dit madame de Grandclos, de vous parler toujours du soleil ou du brouillard, du givre ou de la rosée. Que voulez-vous? ce sont là les décorations de notre théâtre.

— Un théâtre qui en vaut bien un autre, dit le comte de Riez. A propos, que joue-t-on de piquant à l'Opéra?

Le chevalier de Franval prit la parole, si c'est prendre la parole que de parler ainsi :

— Ze n'y ai vu zouer depuis longtemps que les zambes des comédiennes. Est-ce qu'on écoute à l'Opéra? c'est dézà trop de regarder.

— La Camargo fait tourner toutes les têtes, dit le marquis de la Châtaigneraye.

— Hormis la vôtre, j'imagine, dit la comtesse de Riez en minaudant.

— Ma tête n'a jamais tourné de ce côté-là.

— Nous savons à quoi nous en tenir sur ce chapitre, dit le comte de Riez. Mais ce que nous n'ignorions pas, c'est que vous êtes le plus franc chasseur du terroir : un chevreuil et un loup du même jour, peste! quel exterminateur vous faites! On dirait l'ange maudit qui promène son glaive sur la création.

— Ce que j'aime, c'est moins la chasse que les épisodes de la chasse, reprit la Châtaigneraye. Ces dames de Froidmont (le marquis s'inclina vers madame de Nestaing et sa mère) connaissent sans doute le sauvage du bois des Grands-Genêts.

— Le chasseur de blaireaux, dit madame de Grandclos.

— Oui, madame, c'est bien lui. Hier, à la chasse, j'ai fait sa connaissance d'une façon très singulière. Figurez-vous qu'au détour d'une allée, comme mon cheval avait ralenti sa course, j'entrevois une espèce d'Hercule mal taillé, vêtu comme il plaît à Dieu, qui s'en allait à la rencontre d'un secours avec la plus belle gravité du monde. « Monseigneur, me dit-il après avoir pris le temps de me saluer, ne serait-ce pas trop vous importuner que de vous demander la grâce d'être délivré par vos nobles mains de la rage de ce blaireau? » Là-dessus il se tourna lentement pour me faire voir un magnifique blaireau jeté en bandoulière sur son épaule. « Vous voyez, monseigneur, reprit-il sans s'émouvoir, ce diable de blaireau me déchire les reins à belles dents. J'ai pensé à m'en délivrer; mais il aurait pu m'échapper, et on ne prend pas tous les jours un blaireau! Je croyais bien l'avoir exterminé; mais je crains toujours de déchirer la peau. Voilà pourquoi Saint-Jean, mon chien, n'ose y toucher. » Je compris toute l'étendue du service que j'allais lui rendre. Il fallait le délivrer, en respectant la peau de son ennemi. Ce ne fut pas sans peine que je fis lâcher prise à l'animal furieux. Le chasseur, qui l'avait toujours tenu par les pattes de derrière, me remercia tout pénétré de reconnaissance; après quoi il tua son blaireau avec une douceur et une patience admirables. Quoiqu'il eût plus d'une marque sanglante de la rage de cet animal, il ne montra contre lui aucun ressentiment.

— Quoique très surprenante, dit madame de Grandclos, votre histoire n'a rien qui m'étonne, moi qui suis habituée aux hauts faits de Guillaume Trompe-la-Mort. Vous savez que c'est le nom qu'on lui a donné. Cet homme n'a peur de rien, ni de Dieu, ni du diable. C'est un impie superbe qui défie le ciel et la terre, malgré les exhortations de Jacques Lebeau, notre jardinier. Il vit dans les bois, sous une hutte couverte de joncs et de roseaux, n'ayant pour amis que trois chiens aussi résolus que lui et qui ont perdu leurs oreilles dans leurs sanglants combats contre les blaireaux.

— Plus d'une fois, dit le comte de Riez, je l'ai rencontré en revenant la nuit d'une promenade chez mes voisins ou chez mes fermiers. Il était armé d'une lanterne et d'une fourche, car c'est un chasseur qui n'use guère de poudre. Ses chiens rôdaient autour de lui. Il avançait gravement en homme qui ne craint rien. Il lui arrive d'aller attendre le blaireau à dix ou quinze lieues de sa hutte.

— Moi, ce que j'aime en lui, dit madame de Riez, c'est qu'il n'est ni humble ni curieux, ni bavard comme le sont presque tous les paysans.

— Le croiriez-vous? poursuivit le comte, ce sauvage qui n'est ni de son siècle ni de son pays est adoré des filles de Riez et de Froidmond.

— Les femmes, murmura le chevalier, n'adorent-elles pas toujours les extravagants et les sauvazes.

— L'amour est le Dieu des contrastes, dit la Châtaigneraye. Il n'est pas étonnant que les femmes qui sont des modèles de délicatesse et de douceur se prennent d'une belle passion pour un homme rude et sauvage. La grâce aime la force.

La Châtaigneraye qui, jusque-là, avait parlé d'une voix sévère, reprit sans y penser sa voix gracieusement sonore pour dire ces derniers mots.

Madame de Nestaing, émue et troublée par divers sentiments qui se combattaient dans son cœur, pâlit et chancela au son de cette voix rajeunie. Dans son trouble elle leva le regard sur la Châtaigneraye; il souriait encore, les yeux tournés vers madame de Riez : la vicomtesse crut voir Riantz comme dans une apparition. Son émotion fut si violente qu'elle se laissa tomber évanouie sur le bord de son fauteuil.

Mademoiselle de Riez, qui était près d'elle, s'élança pour la secourir.

— O mon Dieu! s'écria-t-elle en la voyant si pâle.

Tout le monde se leva avec agitation.

— Qu'y a-t-il? demanda madame de Grandclos dans son effroi.

La comtesse de Riez s'approcha de madame de Nestaing un flacon à la main. En respirant les sels la vicomtesse tressaillit et ouvrit les yeux ; du premier coup d'œil elle entrevit la Châtaigneraye qui était debout à la cheminée avec le calme d'un étranger. Elle comprit qu'il fallait donner une raison à son évanouissement.

— Ouvrez la fenêtre, dit-elle, d'une voix affaiblie, traînez-moi loin du feu qui me fait mal.

La Châtaigneraye prit lestement le fauteuil et l'emporta devant une fenêtre que le comte de Riez venait d'ouvrir.

On peut à peine indiquer à vol d'oiseau les diverses émotions qui agitaient le marquis et la vicomtesse.

La Châtaigneraye était venu à Froidmont en proie à deux desseins contraires. Devait-il reparaître aux yeux de madame de Nestaing, tel qu'il était autrefois quand il s'appelait Riantz? devait-il, secondé par le temps qui change tout, n'être pour la vicomtesse que le marquis de la Châtaigneraye? Dans les deux hypothèses il s'attendait bien qu'il allait lui porter un coup violent : Amant ressuscité ou meurtrier de cet amant! Plus de mille fois il avait demandé conseil à son esprit et à son cœur. Le cœur conseillait d'aller se jeter aux pieds de l'amante abandonnée, de lui demander grâce avec des larmes dans les yeux, de lui baiser tendrement les mains. L'esprit n'était pas du même avis, il conseillait de feindre. Le marquis avait longtemps flotté entre ces deux conseils. Depuis quelques jours qu'il était à Riez il pâlissait d'inquiétude, il dormait à peine; il avait d'étranges distractions, enfin, sur la route de Riez à Froidmont tout en caracolant par galanterie aux portières du carrosse, il avait pris la résolution des gens irrésolus, c'est-à-dire qu'il se laissait aller au cours naturel des choses. Il arriva donc au château sans prendre d'autre parti.

Il s'attendait à quelque coup de théâtre, mais, comme toutes les natures ardentes, le danger l'éblouissait et le fascinait.

En voyant madame de Nestaing à la porte du salon, il avait ressenti un violent battement de cœur; il avait craint de ne pouvoir feindre : il aimait encore la vicomtesse avec un souvenir trop tendre pour jouer l'indifférence. Cependant, à peine entré dans le salon, un vague instinct l'avait averti que madame de Nestaing ne l'avait pas reconnu. En effet, pensa-t-il, pourquoi ne m'aurait-elle pas oublié ? Trois années c'est trois siècles dans ce temps où les passions changent comme les modes.

La conversation s'était engagée ; il s'était remis à l'aise ; il avait maîtrisé son émotion. Le dessein de n'être pour la vicomtesse que le marquis de la Châtaigneraye l'avait ressaisi et dominé ; c'en était fait de Riantz, Riantz était bien mort, Riantz ne devait plus reparaître.

Depuis que madame de Nestaing avait entrevu la Châtaigneraye à la fontaine de *Julienne-la-Belle*, de tristes souvenirs étaient venus tourmenter son cœur. Quoi ! se disait-elle avec indignation, je verrai le meurtrier de Riantz sans pouvoir me plaindre. Son amour s'était ranimé avec une ardeur nouvelle ; elle avait évoqué tous les souvenirs du beau temps de cet amour : l'allée de charmille où Riantz avait osé lui baiser la main, cette fenêtre où son audace l'avait amené une belle nuit d'été, cette chambre où il avait imploré son pardon avec tant d'amour. Elle évoquait aussi sa noble et gracieuse figure; et toujours les traits de Riantz se confondaient sous les yeux de cette amante éplorée avec ceux de la Châtaigneraye.

Mais comme elle n'avait qu'une mémoire trompeuse, elle était loin d'en croire ses souvenirs ; elle avait fini par s'imaginer que Riantz et la Châtaigneraye se ressemblaient par la même grâce, le même air noble et fier, le même charme de regard. En voyant arriver le marquis au château, elle ne l'avait regardé qu'avec des yeux troublés; à son passage devant elle à la porte du salon, elle avait ressenti un coup terrible; mais ne devait-elle pas ressentir un pareil coup devant le meurtrier de son amant? Dans le salon, pendant les premiers mots de la conversation, elle l'avait regardé à la dérobée, et alors, soit qu'elle fût aveuglée par un sentiment de haine, de vengeance et d'indignation, soit que le marquis eût vieilli visiblement, que son costume de chasse, son air devenu sévère et sa blessure au front l'eussent changé au point de le rendre méconnaissable à la plupart de ceux qui ne l'avaient pas vu depuis trois ans, la vicomtesse perdit toute idée de ressemblance avec son amant. Elle avait repris un peu de sérénité et s'était mise à causer assez paisiblement avec mademoiselle de Riez. L'orage devait éclater. La Châtaigneraye avait un peu altéré sa voix par une note plus grave, mais quand il vint à parler d'amour il s'oublia, il reprit son expression gracieuse, et madame de Nestaing entendant une voix qui était un pur écho de celle de Riantz trembla et s'évanouit.

En revenant à elle, la pauvre femme crut qu'elle s'était trompée.

— Si c'était lui, est-ce qu'il serait ainsi calme, froid et distrait? D'ailleurs pourquoi serait-ce lui?

La conversation ne se ranima guère ; elle traîna languissamment sur des détails de campagne. La comtesse de Riez fit bientôt observer à son mari que la nuit venait à quatre heures et que les chemins étaient mauvais.

On se sépara. La Châtaigneraye, quoique incertain encore sur les sentiments de madame de Nestaing, la salua avec une dignité presque glaciale.

XXVIII

Quelques jours après cette visite dramatique, Jacques Lebeau alla demander un piége à son ami Trompe-la-Mort. Il trouva le chasseur gravement accroupi devant l'âtre de sa hutte, faisant cuire sur la braise une cuisse de blaireau.

— Toujours dans le péché ! s'écria le jardinier avec onction, tout en levant les yeux au ciel. Tu n'as donc pas songé que c'est aujourd'hui vigile et jeûne?

— Te voilà encore avec tes sermons, chanteur de litanies! Je mange quand j'ai faim et je jeûne quand je n'ai rien à manger. Dans ce cas, je suis tout aussi bon chrétien qu'un autre.

— *In gemit tumeo*, tu mourras comme un chien; on te refusera la porte du cimetière.

— Le cimetière est partout.

— Insensé! Le prophète du Seigneur a dit que la trompette du jugement ne réveillerait que ceux qui s'endorment en terre sainte.

— Allons, je vois où tu veux en venir.

Là-dessus, le chasseur de blaireaux se leva, prit une cruche dans un coin de la hutte et la présenta à son ami Jacques Lebeau sans autre cérémonie. Il avait deviné juste. Tout dévot qu'il fût, le vieux jardinier se montra sensible à cette ancienne marque d'amitié. Il but avec beaucoup de plaisir et sans perdre haleine trois ou quatre gorgées de piquette.

— *In vino veritas*, poursuivit-il sans perdre de vue sa manie de convertir tout le monde ; tu ne m'empêcheras pas de t'avertir à temps du danger que court ton âme. Prends-y garde, ceux qui vivent avec le démon...

— Va-t'en au diable! ou plutôt reprends la cruche et que tout soit dit.

Le vieux jardinier, alléché par l'odeur pénétrante de la piquette, ressaisit la cruche sans se faire prier.

— *Vide pedes, vide manus*, reprit-il d'un air doctoral ; ce qui veut dire : Vide ton verre quand il est dans ta main.

Trompe-la-Mort, qui s'était réinstallé devant l'âtre, se contenta de hausser les épaules.

— Car enfin, poursuivit Jacques Lebeau, il n'est jamais trop tôt pour faire pénitence ;

la mort est toujours en chemin : lis plutôt l'Évangile... Mais est-ce que tu sais lire, toi?

— Non, je ne sais pas lire et j'en suis bien aise. C'est bon pour les imbéciles qui ont besoin d'apprendre pour savoir. Mon fusil vaut mieux que tous les livres du monde. Veux-tu déjeuner avec moi?

— Que me proposes-tu là? Quoi! j'irai, pour un peu de blaireau rôti, perdre ma part de gâteau en paradis?

— Voyons, tu te repentiras tout à l'heure; mais auparavant mets-toi à table.

Se mettre à table dans la hutte, c'était s'asseoir sur un escabeau devant la cruche et le gril, comme venait de faire Trompe-la-Mort.

Le jardinier regarda complaisamment le morceau de blaireau qui fumait sur le gril. Il voulut être du festin; il prit comme par distraction sa place à la table. Après quelques coups de dents assez vigoureux, le chasseur demanda à Jacques Lebeau ce qu'il venait faire si matin dans sa hutte.

— Chercher un piége. Le renard est venu. Voilà de la pâture pour tes chiens. — A propos, où sont-ils donc ?

Trompe-la-Mort indiqua du doigt un coin dans l'ombre.

Le jardinier vit briller les yeux des deux chiens qui attendaient la pâture avec une patience digne d'éloges.

— Marmotte ! Saint-Jean ! avez-vous faim ?

Les deux chiens s'approchèrent gravement pour ramasser les miettes de la table. Il leur servit des os, du pain noir et une jatte d'eau. Les chiens se conduisirent en animaux bien élevés : ils déjeunèrent sans jalousie ; après quoi, leur maître ayant répété : Marmotte ! Saint Jean ! avez-vous faim ? ils se retirèrent en bon ordre dans leur niche.

— Jacques Lebeau, tu vas venir avec moi,

dit Trompe-la-Mort en se levant; mon piége est dressé sous le Grand Orme.

— O mon Dieu! dit tout à coup le jardinier un peu étourdi par la piquette. Avais-je donc perdu la tête pour manger du blaireau un vendredi; il est vrai que c'est un animal sauvage : *Benedicite,* etc.

— En effet, n'oublie pas de dire tes patenôtres.

Les deux amis sortirent de la hutte pour aller prendre le piége.

XXIX

Ce jour-là madame de Nestaing, trop agitée pour demeurer au logis, sortit pour se promener. La vue du givre qui suspendait à tous les rameaux des arbres un feuillage d'argent, l'attira dans le bois des Grands-Genêts.

Quoique le vent fût piquant, comme elle avait un voile et une grande pelisse, elle arriva jusque dans le bois sans se plaindre du froid. Entraînée par la rêverie, elle suivit sans y penser la première allée venue, s'arrêtant çà et là pour admirer les girandoles de givre suspendues sur son front comme des couronnes de diamants.

Le ciel était depuis le matin capricieux et changeant; un léger vent du nord chassait et dispersait le brouillard; mais à peine le soleil montrait-il sa face pâlie, que le brouillard revenait de plus belle se répandant sur la montagne comme une épaisse fumée.

Surprise par un nuage de brouillard à l'instant même où elle cherchait à retourner sur ses pas, madame de Nestaing, craignant de s'égarer, prit le parti de suivre l'allée où elle se promenait depuis une demi-heure, à peu près sûre de rencontrer bientôt la retraite d'un vieil ermite qui venait mendier au château et entretenir le feu sacré dans l'âme du jardinier.

Comme elle pensait à se reposer à l'ermitage, elle entrevit, à travers les broussailles engivrées, la hutte du chasseur de blaireaux. Quoique Trompe-la-Mort ne passât pas pour un bon chrétien, la vicomtesse alla droit à la hutte pour lui demander un quart d'heure d'hospitalité sans mettre en doute sa loyale protection. Elle détourna quelques rameaux rebelles qui secouaient des perles sur son voile ou qui retenaient sa pelisse; en moins de quelques secondes, elle arriva au seuil de la hutte. Sur le point d'entrer, elle ressentit une légère frayeur.

— Seule en face de Trompe-la-Mort! pensa-t-elle en chancelant un peu.

Elle entra pourtant de l'air du monde le plus tranquille. A peine eut-elle fait deux pas dans la hutte, que Saint-Jean et Marmotte s'élancèrent de leur niche avec des hurlements féroces. Elle leva la main avec terreur; Saint-

Jean reconnut cette main blanche qui plus d'une fois lui avait rompu du pain au château; il tourna sa colère contre Marmotte qui, n'ayant pas de pareils souvenirs, voulait s'élancer sur madame de Nestaing; d'un seul coup de dent, Saint-Jean, qui commandait en maître, réduisit Marmotte au silence. Pendant que la chienne étonnée retournait à la niche, la queue dans les jambes, sans oser exprimer, par le moindre grognement, que son seigneur et maître commandait d'un ton trop absolu, Saint-Jean léchait humblement les pieds de la vicomtesse. Quand elle l'eut un peu flatté de la main, elle s'approcha du feu qui n'était pas encore éteint.

Une racine de hêtre jetait çà et là une flamme légère. Madame de Nestaing ne dédaigna pas de s'asseoir sur l'escabeau du chasseur; Saint-Jean se coucha à ses pieds d'un air protecteur.

Pour lui prouver qu'il la défendrait envers et contre tous, il se tournait de temps en temps vers Marmotte et lui montrait ses dents éloquentes. Marmotte, qui voulait la paix à tout prix comme les chiens timides, vint en rampant prendre place au foyer. Saint-Jean allait encore la chasser à coups de dents; mais la vicomtesse, qui était bon juge en cette guerre, tendit doucement la main vers Marmotte comme pour la protéger. Cette fois, la pauvre chienne craignit la jalousie de Saint-Jean; elle se roula sur les cendres avec de tendres plaintes; mais Saint-Jean se soumit au désir de paix et de pardon de madame de Nestaing; il alla même jusqu'à accueillir une caresse de Marmotte.

La vicomtesse regarda avec une vraie curiosité l'intérieur de la hutte; ce n'était pas la première fois qu'elle y venait; un jour d'été, accompagnée de sa mère, elle y avait même accepté des fruits des mains rudes de Trompe-la-Mort; mais c'était la première fois qu'elle s'y trouvait seule.

Elle remarqua d'abord une douzaine de peaux d'animaux sauvages appendues en guise de rideaux au lit du chasseur. Ce lit était formé de roseaux et d'herbes; il avait pour courte-pointe une peau de louve de la plus grande beauté. Entre le lit et la cheminée, une planche supportait deux pains noirs à croûte bariolée, qui tempéraient par leur parfum hospitalier l'odeur sauvage de la hutte. Sous la planche était la cruche, tantôt pleine de vin, tantôt pleine d'eau, selon les bonnes rencontres. Sur la cheminée était accroché le fusil du chasseur, toujours prêt à faire feu; un fusil que Trompe-la-Mort avait pris sans façon à un déserteur ivrogne et lâche. De l'autre côté de la cheminée étaient suspendus un coutelas et un petit poignard servant à dépouiller les blaireaux. Un peu plus loin commençait le domaine des chiens, c'est-à-dire un lit de roseaux et d'herbes, comme le lit du chasseur; une jatte d'eau et une chaîne qui ne servait presque jamais.

Madame de Nestaing en était là de sa revue quand un bruit de pas sur la terre gelée se fit entendre à la porte de la hutte. Elle pensa que c'était Trompe-la-Mort; mais voyant les deux chiens s'élancer en fronçant le nez au-devant du nouveau venu, elle craignit de voir entrer un autre personnage.

Elle se leva et suivit les chiens à la porte. Elle ne fut pas peu surprise de voir la Châtaigneraye aux prises avec Saint-Jean.

XXX

Malgré son trouble et son émotion, la vicomtesse intervint, sachant bien que l'animal n'était pas facile à apprivoiser. Elle posa sa main sur la tête du chien, tout en lui parlant avec douceur.

— Allons, Saint-Jean, ne soyez pas si féroce.

Le chien flatté d'être supplié par une si jolie main et une si jolie bouche, regarda la vicomtesse avec l'air craintif d'un écolier qui ne sait s'il a tort ou s'il a raison.

Marmotte qui se souvenait encore de la leçon donnée par Saint-Jean, il n'y avait pas un quart d'heure, suivait et imitait tous les mouvements du chien avec une tendre servilité.

De son côté, le marquis fut très étonné de voir madame de Nestaing venir si singulièrement à son secours.

— En vérité, madame, dit-il en s'inclinant, je suis ravi de la rencontre.

Pour cacher son trouble, la vicomtesse prit le parti de sourire.

— Je le crois, monsieur, répondit-elle, car sans mon intercession vous couriez grand risque d'être maltraité par les chiens du chasseur de blaireaux.

A cet instant, Saint-Jean sauta familièrement pour lécher la Châtaigneraye qui le repoussa d'abord, mais qui voyant sa franche gaieté se laissa faire en chasseur habitué à ces caresses sincères.

— Qu'a-t-il donc? le voilà qui m'aime à la fureur!

Saint-Jean bondissait, criait, gémissait; il léchait le marquis de la tête aux pieds. La pauvre Marmotte regardait Saint-Jean avec une surprise très expressive; elle semblait lui demander la raison de toutes ses inconséquences, elle ne comprenait plus. Tout en paraissant craindre qu'il eût perdu la tête, elle n'osait le contrarier dans ses folies. Pareille à la pauvre femme du buveur, elle n'osait ni raisonner ni se plaindre dans la peur d'être punie pour sa sagesse. Elle se faisait aussi petite et aussi soumise que possible. Prête à tout, elle aiguisait ses dents pour mordre et montrait sa langue pour caresser selon les désirs du maître.

— Je commence à comprendre, reprit la

Châtaigneraye; ce chien me reconnaît; il accompagnait son maître il y a huit jours quand j'ai délivré Trompe-la-Mort de la fureur du blaireau; il me caresse par reconnaissance.

— Pourquoi, demanda la vicomtesse, ne délivrait-il pas lui-même son maître? il me semble qu'il aurait pu forcer le blaireau à lâcher prise.

— Je croyais vous avoir dit que Trompe-la-Mort retenait son chien dans la crainte qu'il n'abîmât la peau de l'animal. — Où est-il donc? — Mais, madame, je vous en supplie, rentrez dans la hutte, la bise est trop froide à la porte.

Madame de Nestaing rentra sans trop savoir que répondre. Le marquis la suivit sans façon.

— Je suis, monsieur, très empêchée de faire les honneurs de céans, il n'y a qu'un escabeau, car je ne puis compter ce pied d'arbre enterré dans les cendres.

— Madame, de grâce, asseyez-vous sur l'escabeau.

La vicomtesse reprit son siége. Le marquis se tint debout à la cheminée. Comme le jour ne venait que par la porte, sa figure était cachée dans l'ombre. D'ailleurs, on le sait, madame de Nestaing avait perdu toute idée de ressemblance.

— Figurez-vous, madame, dit le marquis, figurez-vous que je me suis égaré dans le brouillard. J'étais sorti du château avec trois ou quatre chiens; les chiens chassent sans moi; j'ai eu beau les siffler, il m'ont laissé seul pour suivre je ne sais quoi. Je suis venu à cette hutte pour demander mon chemin.

— A la chasse près, c'est la même histoire; mais au moins, moi, je suis à quelques pas de Froidmont.

— Je serai fier, madame, d'obtenir la grâce de vous reconduire sur vos terres ou jusqu'au seuil de votre château.

— Avant tout, il faudrait savoir si vous connaissez les chemins.

— Je ne suis allé qu'une seule fois au château de Froidmont, mais j'ai imité le petit Poucet qui semait des miettes de pain pour reconnaître sa route : moi, madame, j'ai semé de doux souvenirs au pied de chaque arbre, aux branches de chaque buisson.

— Prenez garde, les oiseaux ont mangé les miettes de pain : je ne me fie pas à vos souvenirs, j'aime mieux attendre Trompe-la-Mort; je crois même que notre jardinier doit venir aujourd'hui en cette hutte.

— Que votre volonté soit faite ! madame.
— Savez-vous que j'admire au plus haut point votre vie solitaire. — Si jeune et si belle ! si loin du monde où vous seriez idolâtrée comme

une reine! — C'est bien la peine d'être belle à Froidmont. — Il est vrai que la violette des montagnes n'est pas moins parfumée et n'est pas moins agréable que...

La Châtaigneraye coupait toutes ses phrases par des silences de trois ou quatre secondes pour avoir le temps de penser à ce qu'il disait. Jusque-là cela ne lui était pas arrivé.

Madame de Nestaing ne répondait que par monosyllabes ; elle songeait à Riantz, à la Châtaigneraye, au duel ; elle songeait aux scandaleuses conquêtes du marquis ; elle se demandait comment elle pouvait supporter sa vue ; mais le démon du mal, qui a toujours raison, lui disait tout bas que la Châtaigneraye était plein de charme, d'esprit et de bravoure, que toutes les femmes de France et de Navarre faisaient son apologie, tandis que tous les hommes parlaient mal de lui : deux jugements très favorables dans tous les pays et dans tous les temps. Il avait tué Riantz en duel, on ne savait pourquoi ; mais Riantz avait peut-être les torts. A un certain moment, madame de Nestaing rougit en sentant qu'elle trouvait un plaisir secret à défendre le marquis... Elle demanda pardon à l'ombre de Riantz de ce coupable plaidoyer...

XXXI

Cependant la conversation dévidait toujours son écheveau de soie.

— J'espère, madame, que votre exil ne sera pas éternel à Froidmont.

— J'y suis venue pour mourir; le ciel n'est-il pas aussi beau ici qu'ailleurs?

— Paris est le paradis des femmes. Pourquoi ne pas tenir à ce paradis terrestre comme à l'autre?

— Paris est le paradis des coquettes, mais Paris est l'enfer du cœur. Que m'importe l'éclat et le bruit, à moi qui n'aime que le silence et l'ombre!

— Il n'y a que les morts qui aiment le silence et l'ombre; or, à vous voir et à vous entendre, on juge que vous êtes la plus vivante, par la beauté, l'esprit et les grâces, de toutes les créatures d'ici-bas.

—Vous vous trompez ou plutôt vous voulez me tromper, car j'achève de mourir à Froidmont. Quand le cerf est atteint mortellement, il se cache en pleurant au fond du bois: je suis comme le cerf blessé à mort.

— Je comprends, c'est votre cœur qui est atteint; mais le cœur n'est jamais atteint mortellement: un beau jour de printemps il reverdit et refleurit sans qu'on s'en doute.

— Je me suis exilée dans le désert; or, dans le sable du désert, voit-on jamais poindre une touffe d'herbe. — Mais savez-vous, monsieur le marquis, que je suis très peu édifiée de la fidélité de vos chiens.

Disant ces mots, madame de Nestaing se leva et alla droit à la porte de la hutte. Elle vit sur le sentier Trompe-la-Mort, qui revenait de pair à compagnon avec un vieux loup.

— N'ayez pas peur! cria le chasseur de sa voix rude; c'est un loup qui n'a plus ni dents ni griffes. Holà, Saint-Jean! tenez-vous coi, cela ne vous regarde pas.

Saint-Jean rentra dans la hutte comme pour cacher sa colère.

La Châtaigneraye s'était soudainement posté en protecteur devant madame de Nestaing. Trompe-la-Mort avançait toujours, parlant au loup qui voulait s'enfuir.

— Allons, pas tant de simagrées; viens boire et manger à la hutte. Que diable! il faut avoir pitié des vieux. Figurez-vous que ce pauvre loup abandonné, serait déjà mort si je ne l'avais défendu des chiens du château de Riez. Quatre contre un! J'aime la justice. Ce loup a fait du mal dans son temps, mais nous sommes devenus des amis; il m'a défendu une nuit contre ses enfants quand je n'étais pas encore le roi de la forêt. A chacun selon ses œuvres.

Trompe-la-Mort avait pris le loup par l'oreille pour l'entraîner à la hutte.

— Ne craignez rien, ce loup est un agneau. Voyez plutôt, moi, j'en suis touché! Pauvre vieux soldat désarmé! Un bienfait n'est jamais perdu : je le défendrai jusqu'à son dernier jour.

La Châtaigneraye et madame de Nestaing suivaient des yeux, en silence, cette scène d'hospitalité; ils se regardaient, le marquis avec un léger sourire, la vicomtesse avec un certain air d'effroi, comme pour se confier ce qu'ils pensaient.

Trompe-la-Mort appela Saint-Jean qui obéit en esclave.

— Saint-Jean, je vous ordonne de m'apporter du pain.

Saint-Jean rentra dans la hutte avec un air d'intelligence. Le pauvre loup ne savait quelle figure faire; il regardait en dessous le marquis et la vicomtesse; il regardait Trompe-la-Mort d'un œil moitié reconnaissant, moitié craintif.

Saint-Jean revint à l'instant avec un beau morceau de pain à la gueule. Sur un signe du maître, il le déposa devant le vieux loup qui n'osa y mordre. Trompe-la-Mort ramassa le pain, le rompit et en offrit une bouchée à l'animal défaillant. Cette fois, le loup dévora le pain, d'un coup de ses longues dents. Trompe-la-Mort se tourna vers madame de Nestaing.

— A présent que j'ai fait mon devoir envers une bête qui n'avait pas le temps d'attendre, me voilà prêt à vous servir. Votre grand niais de jardinier est venu tout à l'heure me parler latin pour avoir un piége à fouine...

— Dieu merci! je ne vous parlerai pas latin; je ne viens pas vous demander un piége, au contraire... je suis prise au piége... c'est-à-dire égarée dans le brouillard, ajouta la vicomtesse; je vous saurai gré de m'indiquer mon chemin.

— Droit au vent, madame.

— Mais, observa la Châtaigneraye, le vent est un mauvais guide : s'il vient par raffales? s'il est détourné par les arbres?

— Allez droit devant vous, reprit le chasseur de blaireaux en homme qui ne se trompe jamais. Si vous craignez de vous égarer encore, je vais vous donner un autre guide : Saint-Jean est digne de vous conduire; je n'ai qu'à lui crier : Froidmont! pour qu'il en prenne le chemin.

La vicomtesse ne put s'empêcher de sourire en songeant à ce dernier guide.

— J'ai donc à choisir entre quatre, pensa-t-elle : le marquis de la Châtaigneraye, Trompe-la-Mort, Saint-Jean et le vent du nord. Lequel est le plus sûr? Trompe-la-Mort me glacerait d'effroi, le marquis ne me ferait pas moins peur, Saint-Jean m'entraînera dans des détours sans nombre, le vent n'est pas infaillible. Il faut que je prenne ces quatre guides, ou que je n'en prenne aucun.

La même idée avait saisi la Châtaigneraye.

— Madame, dit-il en se rapprochant de la vicomtesse, accordez-nous à tous la grâce de vous conduire jusqu'à la lisière du bois.

— J'en dispense le vieux loup, répondit madame de Nestaing qui n'était pas fâchée de la prière du marquis.

A peine eut-elle parlé, que Trompe-la-Mort alla décrocher son fusil.

— Je prends les devants, dit-il en disant adieu de la main et du regard au pauvre loup abandonné.

La Châtaigneraye offrit son poing avec une grâce toute chevaleresque; la vicomtesse y posa la main avec la légèreté de l'oiseau sur le buisson.

On se mit en route. Le loup demeura seul triste comme un mendiant à la porte de la hutte; Saint-Jean et Marmotte bondissaient autour des voyageurs. La vicomtesse, qui n'avait jamais regardé un loup en face, fut si attendrie par la mine de celui-ci, qu'elle lui dit adieu par un signe de tête que n'eût pas dédaigné le marquis de la Châtaigneraye. Le pauvre loup eut l'air touché de cette marque de sympathie ; il poussa un long gémissement.

Le voyage de la hutte au château par un vent de bise, sur un chemin couvert de givre et de feuilles mortes fut pour le marquis de la Châtaigneraye et pour la vicomtesse de Nestaing une promenade à travers un pays charmant, sur un chemin tapissé d'herbes et de mousse, par une brise printannière qui secoue à chaque bouffée, roses, primevères et violettes. Quand le cœur est du voyage c'est un enchanteur qui transforme le désert en oasis.

XXXII

Le lendemain, au point du jour, madame de Nestaing se réveilla toute agitée. Elle se souleva sur l'oreiller et regarda autour d'elle comme si elle poursuivait un rêve du regard.

— Le marquis de la Châtaigneraye, murmura-t-elle lentement en passant ses mains sur ses yeux. Lui! où est-il? que m'a-t-il dit? Et Riantz? — Ah! mon Dieu!

Un rêve triste et charmant avait ramené devant madame de Nestaing les images de Riantz et de la Châtaigneraye. Elle avait assisté au fatal duel; elle avait vu mourir le blessé; elle avait été prier sur sa tombe; et là, pendant qu'elle priait, un homme lui était apparu avec la figure du mort, et cet homme, c'était le marquis de la Châtaigneraye. Il l'avait entraînée par mille et mille détours au petit hôtel de la rue Sainte-Marie. En vain elle s'était débattue, en vain elle lui avait crié : « Ne me touchez donc pas, vous qui avez tué Riantz! » Il répondait toujours : « Riantz, c'est moi! Riantz vous aimait, il m'a légué son amour en mourant. Voyez : est-ce que je ne vous regarde pas avec ses yeux? est-ce que je ne vous souris pas avec ses lèvres? Son âme n'est pas morte : elle est là, dans mon cœur, dans mes yeux, sur ma bouche! » Disant ces mots, il l'avait baisée sur le front : un baiser brûlant et glacial, un baiser qui sentait l'amour et la mort.

— Quel affreux rêve! reprit madame de Nestaing toute pâle et toute tremblante. O mon Dieu! mon Dieu! délivrez-moi de cet homme!

Tout en voulant se délivrer du souvenir de la Châtaigneraye, madame de Nestaing y pensa avec plus de force; elle croyait le repousser loin d'elle comme un ennemi, mais elle ne faisait que combattre : le souvenir du marquis s'élevait triomphant au-dessus et tout à l'entour d'elle comme ces épines de la forêt des passions dont parle saint Augustin. L'amante désolée s'y déchirait le cœur à chaque mouvement.

La vicomtesse sonna Marton.

A peine cette fille eut-elle refermé la porte, que madame de Nestaing lui demande, sans préambule, si M. le marquis de la Châtaigneraye, venu à Froidmont en compagnie de M. de Riez, ne ressemblait pas à une des personnes venant autrefois à l'hôtel Sainte-Marie.

Marton repassa dans sa mémoire toute la curieuse galerie des vieux conseillers. Elle répondit qu'elle ne trouvait pas de ressemblance possible entre un aussi beau gentilhomme et de vieux magistrats.

— Cherchez bien, Marton, reprit madame de Nestaing. M. de Riantz, qui est venu par hasard à l'hôtel, n'avait-il pas un air de famille avec le marquis?

— Vous m'y faites penser, madame; mais je crois qu'ils se ressemblent plutôt par les belles façons que par toute autre chose.

— Marton, habillez-moi.

Madame de Nestaing pensa qu'elle devait aller le jour même rendre visite aux dames de Riez.

— Habillez-moi avec goût, Marton.

— Quelle toilette fera madame la vicomtesse?

— Vous savez mieux que moi le temps qu'il fait.

— La robe à guirlandes?

— Elle me va mal.

— La robe grise à falbalas?

— Elle est fanée.

— La robe à longues manchettes?

— La première venue, qu'importe!

— Oh! oh! se dit tout bas Marton, il y a bien longtemps que nous n'avons voulu mettre cette robe-là.

XXXIII

A midi, madame de Nestaing et sa mère montèrent en carrosse pour aller à Riez. Il avait neigé la nuit; la nature montrait à peine un pan de sa robe çà et là sur la colline. Les chevaux, mal ferrés, glissèrent à un tel point qu'il fallut se résigner à les voir marcher au pas. On arriva à Riez trop tard pour revenir à Froidmont le même jour.

La Châtaigneraye fut charmant comme de coutume; mais ce fut un charme nouveau qui trompa encore la vicomtesse.

Dans ce temps-là, on n'avait pas l'habitude de soupirer durant deux ou trois ans sans avertir la dame aimée. Dans une promenade au bord de l'étang du parc, où patinaient M. de Riez et le chevalier de Franval, le marquis, se retrouvant seul avec madame de Nestaing, osa lui ouvrir son cœur sans trop de façon.

— Pour un seul de vos regards, madame, je me résignerais avec joie à passer ici tout un hiver loin du champ de bataille et loin de la cour. Pour un mot de votre bouche adorable, je donnerais ma place à la guerre et aux bals masqués du duc d'Orléans.

Ainsi parlait ce trompeur de la Châtaigneraye.

Il voulait à toute force arriver une seconde

fois au cœur de madame de Nestaing; c'était là une conquête que lui eût enviée Richelieu. Séduire deux fois une femme de cette façon ! la séduire quand elle est pure et qu'on s'appelle Riantz; la séduire quand elle s'est retirée du monde pour porter à jamais le deuil de Riantz; la séduire quand on passe à ses yeux pour avoir tué son amant en duel : voilà ce que voulait la Châtaigneraye, las des conquêtes faciles.

Jusque-là il n'avait joué au vieux jeu d'amour qu'avec légèreté et insouciance; il recherchait un jeu plus compliqué, ou plutôt il inventait un jeu.

Jouer avec l'amour, c'est jouer avec le feu : l'un des joueurs se brûle toujours. La Châtaigneraye n'avait la première fois tué qu'à moitié madame de Nestaing, voulait-il la seconde fois la tuer tout à fait?

Au bord de l'étang de Riez, madame de

Nestaing fut loin d'accueillir les paroles dorées du marquis. Elle le railla et n'y voulut pas croire.

Mais la Châtaigneraye, qui avait appris depuis longtemps à lire dans le regard des femmes, vit clairement que la vicomtesse ne raillait si bien que pour cacher son trouble. Il murmura tout en souriant, « je te connais, beau masque. »

Ce jour-là même, il dépêcha un laquais à Paris avec l'ordre de ramener à Riez tout son équipage.

— Mon cher comte, dit-il à M. de Riez, une affaire d'honneur me tient éloigné de Paris; j'ai tué en duel un méchant maître des requêtes qui frappait en même temps que moi à la même porte. Ne trouvez pas mauvais que je m'installe ici pour toute la mauvaise saison.

— Comment donc ! s'écria le comte, si vous

daignez rester à Riez, il n'y aura pas de mauvaise saison pour nous.

Tout en disant cela, le comte jugea à propos de se tenir sur ses gardes du côté de madame de Riez.

XXXIV

Je ne raconterai pas mot à mot toutes les allées et venues de Riez à Froidmont, toutes les scènes de cette passion bâtie de sable comme toutes les passions, mais avec des larmes innombrables. Madame de Nestaing aima la Châtaigneraye avec plus d'entraînement qu'elle n'avait aimé celui qu'elle appelait

Riantz. En vain elle voulut se défendre de cet amour sacrilége à ses yeux, cet amour qui offensait, disait-elle, la mémoire adorée d'un premier amant.

Je ne me hasarderai pas dans les ténèbres du cœur pour chercher une raison à cet amour. L'amour n'a jamais raison ; et, tant qu'il y aura des femmes, il y aura quelque chose de nouveau à dire sur le cœur. Un poëte, je crois, a trouvé cela avant moi.

Deux mois se passèrent en préliminaires; ce n'étaient encore que demi-aveux confiés plutôt par les regards que par la bouche, billets innocents où le mot qui disait tout était caché par vingt mots qui ne disaient rien, bouquets de violettes qu'on laissait comme par mégarde sécher à son corsage, mille autres fantaisies amoureuses qui font le charme du cœur, parce qu'ils sont les enfants de l'espérance.

Ce qui surtout acheva de perdre madame de Nestaing, ce fut un bal masqué que M. de Riez donna à toute sa province dans les premiers jours de février. Après avoir dit qu'elle ne consentirait jamais à y paraître, la vicomtesse y alla pourtant, et de tout son cœur, et dans un costume charmant.

Elle se déguisa en paysanne napolitaine. Elle espérait n'être pas reconnue de la Châtaigneraye, mais à peine fut-elle entrée qu'il se précipita sur ses pas avec une folle audace.

Il était déguisé en chevalier des croisades : *Tout pour sa dame et son pays*, comme chantaient les ménestrels.

Grâce à son masque et grâce au masque de la vicomtesse, il osa parler à cœur ouvert et avec feu.

Plus que jamais égarée par les enivrements

de son amour et les tourbillons de la fête, madame de Nestaing ouvrit son cœur au marquis.

Ils ne se quittèrent pas de toute la soirée. Vingt fois ils se redirent les mêmes aveux; la Châtaigneraye, heureux de l'ancien et du nouvel amour, fier de cette double séduction, Madame de Nestaing éperdue de joie et de frayeur.

Madame de Grandclos, qui était aussi de la fête, promit d'en donner une à peu près pareille. Madame de Nestaing y consentit avec enchantement.

Pourtant le lendemain, après avoir un peu dormi, quand toutes les gracieuses images du bal se furent évanouies pour elle, quand son cœur se fut un peu apaisé, elle regretta d'avoir été de l'avis de sa mère, elle jura qu'aucun bal ne serait donné à Froidmont; elle jura qu'elle ne recevrait plus le marquis de la

Châtaigneraye; elle jura... mais il était trop tard pour jurer. N'avait-elle pas levé son pied léger pour descendre dans l'abîme jonché de roses?

FIN DU TOME PREMIER.

DESESSART

8, Rue des Beaux-Arts.

En adressant à la Maison un mandat sur le Trésor ou sur la Poste, on recevra chaque ouvrage *franco* sans augmentation de prix.

Les demandes qui s'élèveront à *cent* francs jouiront d'une remise de 10 pour 100.

Combes et Tamisier.

VOYAGE EN ABYSSINIE,

Dans le Pays des Galla, de Choa et d'Ifat.

4 vol. in-8 et carte. — 10 fr.

VOYAGE EN ARABIE,

SÉJOUR DANS LE HÉDJAZ, CAMPAGNE D'ASSIR.

2 vol. in-8 et carte. — 5 fr.

Leguevel de la Combe.

VOYAGE A MADAGASCAR,
ET SUR LA COTE D'AFRIQUE.

2 vol. in-8 et atlas. — 15 fr.

C. Pecqueur.

DES

INTÉRÊTS DU COMMERCE,
DE L'INDUSTRIE ET DE L'AGRICULTURE,

Ouvrage couronné par l'Institut de France (Académie des Sciences morales et politique).

2 très forts vol. in-8. — 7 fr.

Le même.

DE LA LÉGISLATION

ET DU MODE D'EXÉCUTION

DES CHEMINS DE FER.

2 vol. in-8. — 7 fr.

Marliani.

HISTOIRE POLITIQUE
DE L'ESPAGNE MODERNE,

DEUXIÈME ÉDITION,

Augmentée d'un chapitre sur les événements de 1840.

2 vol. in-8. — 16 fr.

Azaïs.

DE LA PHRÉNOLOGIE,

DU MAGNÉTISME ET DE LA FOLIE.

2 vol. in-8. — 7 fr.

CONSTITUTION
DE L'UNIVERS,

OU

MÉCANIQUE UNIVERSELLE.

1 vol. in-8. — 3 fr.

De Brotonne.

HISTOIRE DE LA FILIATION
ET DES MIGRATIONS DES PEUPLES.

2 vol. in-8. — 7 fr.

E. Barrault.

OCCIDENT ET ORIENT
ET
Guerre ou Paix en Orient,

ÉTUDES POLITIQUES, MORALES ET RELIGIEUSES.

2 vol. in-8. — 7 fr.

A. Guéroult.

LETTRES SUR L'ESPAGNE
POLITIQUES ET LITTÉRAIRES.

1 vol. in-8. — 6 fr.

Gérard.

LÉO BURCKART,

DRAME EN CINQ ACTES

Accompagné

DE MÉMOIRES ET DOCUMENTS INÉDITS

SUR LES SOCIÉTÉS SECRÈTES.

1 vol. in-8. — 3 fr.

T. Gautier.

—

LA COMÉDIE DE LA MORT.

1 beau vol. grand in-8. — 6 fr.

A. Houssaye.

—

LE DIX-HUITIÈME SIÈCLE.

POÈTES, PEINTRES, MUSICIENS.

2 vol. in-8. — 15 fr.

AMÉRIQUE CENTRALE.

COLONISATION

DU DISTRICT

DE SANTO-THOMAS DE GUATEMALA.

1 vol. grand in-8, avec cartes et lithographies.—7 fr. 50.

MEMENTO POLITIQUE,

PAR LE PRINCE DE C.....

Brochure in-8. — 2 fr.

DE DEHLI A BOMBAY.

FRAGMENT DE VOYAGE
DANS L'INDE CENTRALE,
PAR M LE DOCTEUR G. ROBERTS.

Broch. — 3 fr. 50 c.

LE SIÈGE DE LA SORBONNE,
OU
LE TRIOMPHE DE L'UNIVERSITÉ,
Poëme héroï-comique en six chants,

PAR UN BEDEAU DE SAINT-SULPICE.

Broch. in-8. — 1 fr.

Daurio.

ESSAI
SUR LES CAUSES PHYSIQUES
DE NOS SEPT SENSATIONS,
Et Erreurs des Physiciens sur le son et la lumière.

1 vol. in-8. — 4 fr.

Aubert Roche.

DE LA RÉFORME DES QUARANTAINES
ET
DES LOIS SANITAIRES DE LA PESTE.

Broch. in-8. — 3 fr.

REVUE
DE L'ORIENT.

UN NUMÉRO TOUS LES MOIS.

ABONNEMENT.

Le prix d'abonnement à la Revue d'Orient est :
Pour les pays européens et orientaux, de **50 fr.** par an ;

Pour l'Algérie, de **40 fr.** par an ;

Pour la France, de **20 fr.** pour six mois, et de **36 fr.** par an.

IL Y A QUINZE NUMÉROS DE PARUS.

ROMANS.

COMTESSE DASH.

	fr.	c.
Le Jeu de la Reine, 2 vol. in-8	15	»
L'Écran, 1 vol. in-8	7	50
Madame Louise de France, 1 vol. in-8	7	50
La Chaîne d'or, 1 vol. in-8	7	50
Madame de la Sablière, 1 vol. in-8	7	50
Le Fruit défendu, 4 vol. in-8	30	»
La Marquise de Parabère, 2 vol. in-8	15	»
Le Comte de Sombreuil, 2 vol. in-8	15	»
Le Château de Pinon, 2 vol. in-8	15	»
Les Bals masqués, 2 vol. in-8	15	»

Sous presse :

| La Princesse de Conti, 2 vol. in-8 | 15 | » |

A. KARR.

Ce qu'il y a dans une bouteille d'encre.

| — Geneviève, 1re livraison. 2 vol. in-8 | 15 | » |
| — Clotilde, 2e livraison. 2 vol. in-8 | 15 | » |

A. HOUSSAYE.

Madame de Favières, 2 vol. in-8	15	»
Les Onze Maîtresses délaissées, 2 vol. in-8	15	»
Le Café de la Régence, 2 vol. in-8	15	»
Milla et Marie, 2 vol. in-8	15	»

J. DE SAINT-FÉLIX.

	fr. c.
Mademoiselle de Marignan, 1 vol. in-8.	7 50
Madame la duchesse de Bourgogne, 1 v. in-8	7 50
Madame la duchesse de Longueville, 1 vol.	7 50
Le Colonel Richemond, 2 vol. in-8.	15 »
Clarisse de Roni, 2 vol. in-8.	15 »

E. MÉNARD.

Pen March, 1 vol. in-8.	7 50
Budic Mur, marine du xive siècle, 2 vol. in-8.	15 »
Quiberon, 2 vol. in-8.	15 »
Le Champ des Martyrs, 2 vol. in-8.	15 »
Robert d'Arbrissel, 2 vol. in-8.	15 »

T. GAUTIER.

Les Jeune France, 1 vol. in-8.	7 50
Mademoiselle de Maupin, 2 vol. in-8	15 »
Fortunio, 1 vol. in-8.	7 50
Une Larme du Diable, 1 vol. in-8.	7 50
La Comédie de la Mort, 1 vol. in-8.	7 50
Les Grotesques, 2 vol. in 8.	15 »

E. OURLIAC.

	fr. c
Suzanne, 1 vol. in-8	7 50
Confession de Nazarille, 1 vol. in-8	7 50

MARQUIS DE FOUDRAS.

La Comtesse Alvinzi, 2 vol. in-8	15 »
Un Rayon dans la Nuit, 2 vol. in-8	15 »

MÉLANIE WALDOR.

Alphonse et Juliette, 2 vol. in-8	15 »
L'Abbaye de Fontenelle, 2 vol. in-8	15 »

A. FRÉMY.

Les Roués de Paris, 4 vol. in-8	30 »
Les Femmes proscrites, 2 vol. in-8	15 »
Les deux Anges, 2 vol. in-8	15 »

A. DE FRANCE.

Les Prisonniers d'Abd-el-Kader, 2 v. in-8. (*épuisé*).

E. DE MIRBEL.

La Tour de Biaritz, 1 vol. in-8 . . . . 7 50

BARON DE TROBRIAND.

Les Gentilshommes de l'Ouest, 1 vol. in-8 . . 7 50

WALTER SCOTT

	fr. c.
Allan Caméron, 2 vol. in-8. (2ᵉ *édition*).....	15 »

JULES SANDEAU.

Les Revenants, 2 vol. in-8. (*épuisé*)	
Milla et Marie, 2 vol. in-8.........	15 »
Fernand, 1 vol. in-8............	7 50

F. PYAT.

Or et Fer, 2 vol. in-8. (*Sous presse*).

A. ESQUIROS.

Charlotte Corday, 2 vol. in-8.........	15 »

Tirage à 10,000 exemplaires.

De l'état de la Femme dans la société moderne ;
trois charmants volumes :

Les Vierges Martyres.

Les Vierges Folles. — *4ᵉ édition.*

Les Vierges Sages.

Chaque volume se vend séparément 1 franc.
Par la poste : 1 franc 25 centimes.

POÉSIES.

T. GAUTIER.

La Comédie de la Mort, 1 vol. in-8. . . . . 6 »

A. HOUSSAYE.

Les Sentiers perdus, 1 vol. grand in-18. . . . . 3 »

N. MARTIN.

Ariel, 1 vol. in-18. . . . . 3 »

J. DE SAINT-FÉLIX.

Poésies romaines. . . . . 3 »

A. ESQUIROS.

Les Chants d'un Prisonnier. . . . . . . 3 »

JACQUIER.

Recueil de Fables, 1 vol. in-18. . . . . . . 3 »

Sous presse :

Un volume de Poésies, in-8, par Th. Gautier.

Sceaux. — Impr. de E. Dépée.

L'ARTISTE.

Beaux-Arts. — Belles-Lettres. — Philosophie. — Sciences. — Voyages. — Romans.

Chaque livraison paraissant le dimanche, renferme deux feuilles de texte grand in-4°, et deux gravures sur acier.

PARIS : 60 FR. PAR AN. — PROVINCE : 68 FR.

Bureaux : Rue de Seine-Saint-Germain, 39.

Sceaux. — Imp. de E. Dépée.

www.ingramcontent.com/pod-product-compliance
Lightning Source LLC
Chambersburg PA
CBHW072016150426

43194CB00008B/1126